D1688981

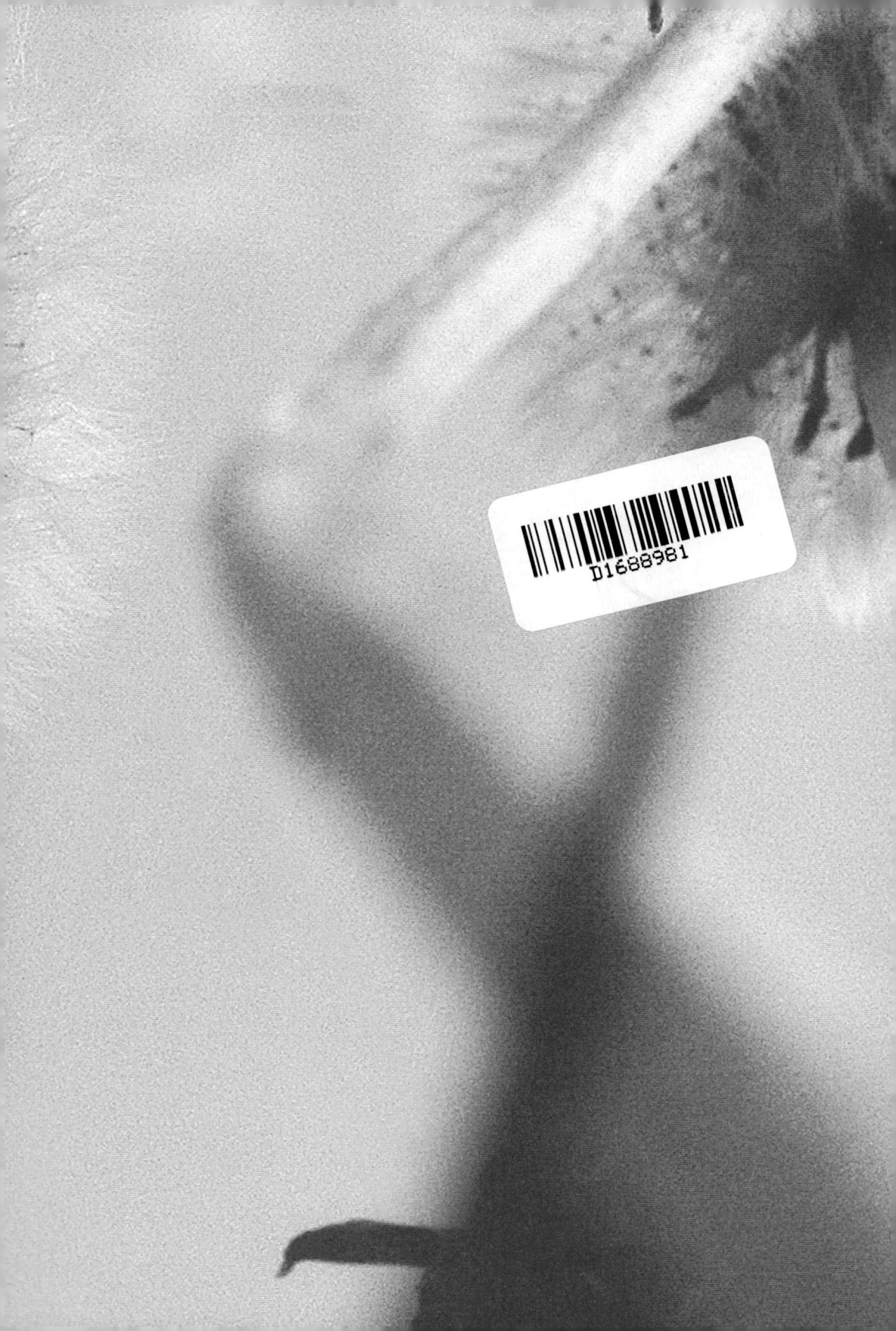

**Geld &
Herzblut**
— —

—

16 Menschen und ihr Testament

herausgegeben von Muriel Bonnardin

Muriel Bonnardin, Ursula Eichenberger (Texte)
Annette Boutellier (Fotografie)

KONTRAST

5	Vorwort
	Porträts
10	*Martin Metzler*
16	*Doris und Edmond Frossard*
22	*Gioia Theler-Bibus*
28	*Philipp Andereggen*
34	*Familie Elmer*
40	*Alice*
46	*Ernst Beyeler*
52	*Katharina Pfäffli*
58	*Ingrid und Dieter Kraft*
66	*Edith Müller*
72	*Erika Billeter*
78	*Regula Siegrist*
84	*Priska Sieber und Thomas Braunschweig*
90	*Klaus Appel*
98	*Rita Andres*
104	*René Levy*
111	Dank
	RATGEBER
114	Wie erstelle ich ein Testament?
126	Begriffe/Glossar
128	Adressen

Vorwort
— —

—

Die Idee zu diesem Buch entstand während eines Gesprächs mit einem Anwalt. Ich erfuhr die überaus spannende Lebensgeschichte einer vermögenden Dame, die Greenpeace in ihrem Testament bedacht hatte. Gespannt hörte ich den Äusserungen des Willensvollstreckers zu und versuchte, mir die Person vorzustellen, von deren Testament ich eine Kopie in den Händen hielt. War sie in ihrem Leben glücklich gewesen? Hatte sie Kinder? Was hat sie im Leben fasziniert oder bewegt? Warum hat sie ein Testament geschrieben? Und warum Greenpeace bedacht? Einmal mehr bedauerte ich, dass eine interessante Lebensgeschichte, die Motivation und Emotionen rund um ein Testament nicht aufgeschrieben wurden. Aus diesem Gefühl heraus entstand der Gedanke, Menschen zu porträtieren, die über sich und ihr Testament erzählen. Lebensgeschichten schienen mir eine passende und unaufdringliche Möglichkeit, das heikle und oft verdrängte Thema in die Öffentlichkeit zu tragen.

Ein Testament zu verfassen, bedeutet keineswegs, mit dem Leben abzuschliessen, es schafft vielmehr Ordnung und Klarheit. Zudem kann nur durch ein Testament geregelt werden, wer neben dem Pflichtteil in der freien Quote bedacht werden soll. Die freie Quote ist jener Teil des Nachlasses, der frei vergeben werden kann und mit welchem nahestehende Menschen oder auch Organisationen bedacht werden können.

16 Personen haben sich dafür entschieden, uns ihre Gedanken und Überlegungen anzuvertrauen. Die Palette dieser Menschen und ihrer Gründe ist bunt. Obwohl ich mich seit 15 Jahren beruflich mit Erbschaften für einen guten Zweck beschäftige, staunte ich über die Vielfalt der Überlegungen, die diese Menschen zu ihrem Testament anstellten. Die Jüngsten unter ihnen sind 45 und entschieden bereits vor Jahren, was mit ihrem Vermögen einmal passieren soll. Der Älteste ist 91 und hat sich sein Leben lang für Minderbemittelte eingesetzt. Es sind Frauen und Männer verschiedenster Charaktere und Herkunft. Sie verbindet der Entschluss, über ihren Tod hinaus etwas zu bewirken. Sie haben ein Testament aufgesetzt und einen Teil ihres Vermögens für einen guten Zweck vermacht.

Die Auswahl einer gemeinnützigen Organisation liegt meistens in der Lebensgeschichte einer Person und hängt von persönlichen Wertvorstellungen und vom Charakter ab. In der Regel erfahren die Hilfswerke erst nach einer Testamentseröffnung, dass sie zu den Erben gehören. Die verstorbene Person ist ihnen unbekannt, und sie wissen nichts über deren Beweggründe, in ihrem Testament gerade sie zu bedenken. Vielleicht trägt dieses Buch dazu bei, dass in Zukunft mehr Menschen den Begünstigten einen solchen Entscheid frühzeitig mitteilen und dadurch bereits zu Lebzeiten Kontakt zu dem Hilfswerk herstellen.

Die Hälfte des Schweizer Volksvermögens entfällt auf Personen, die 65 Jahre alt oder älter sind.[1] Die gestiegene Lebenserwartung hat die Rolle des Erbens in der Schweiz allerdings grundsätzlich verändert. Gemäss einer Nationalfondstudie aus dem Jahr 2006 werden in der Schweiz rund 28,5 Milliarden Franken vererbt. Weniger als die Hälfte der gesamten Summe geht an Erben unter 55 Jahren. In einfachen Worten bedeutet dies, dass ein Grossteil der Schweizerinnen und Schweizer erst kurz vor oder sogar nach der Pensionierung erben. Zu einem Zeitpunkt, wo die Kinder längst aus dem Haus sind und kaum jemand mehr dringend auf eine Erbschaft angewiesen ist. Dieser Umstand führte unter anderem dazu, dass Testamente zunehmend zugunsten eines guten Zwecks ausfallen. Rund 1,1 Milliarden Schweizer Franken gehen insgesamt an steuerbefreite gemeinnützige Organisationen. Zum Kreis dieser Institutionen gehören neben den klassischen Hilfswerken auch Kulturinstitutionen, Kirchen, Universitäten, Spitäler oder Vorsorgestiftungen von Unternehmen. Der Betrag, der an gemeinnützige, wohltätige Organisationen (Hilfswerke, NGOs, NPOs) vererbt wird, wurde 2004 auf rund 200 Millionen Schweizer Franken geschätzt[2]. Auch wenn der Betrag heute bei 250 bis 300 Millionen liegen dürfte, macht er immer noch weniger als ein Prozent der gesamthaft in der Schweiz vererbten Summe aus. Die Studie «Testamente, Erbschaften und Legate»[3] kristallisiert drei Hauptgründe heraus, warum Menschen ein Hilfswerk im Testament bedenken. Die meisten möchten, dass nach ihrem Tod die Tätigkeit einer bestimmten Organisation weitergeht. Andere haben grundsätzlich den Wunsch, etwas Gutes zu tun oder pflegen bereits eine persönliche Beziehung zu einer Organisation. Nur 15 Prozent haben keine verwandtschaftlichen Erben und bedenken deshalb ein Hilfswerk. Der Betrag von rund 200 Millionen Franken erscheint hoch, ist im Vergleich zur gesamten Erbmasse hingegen niedrig. Ich vermute, dass viele Menschen gar nicht wissen, dass sie ein Hilfswerk bedenken könnten, oder sie sind der Auffassung, es müsse alles in der Familie bleiben.

In der Schweiz schreibt nur jede zweite Person ein Testament. Die andere Hälfte der Bevölkerung überlässt die Regelung des Nachlasses dem Staat. Diese Leute vergeben damit die Chance, ihren Nachlass bewusst einzusetzen. Testamente können viel Emotionen und Streit auslösen und Familien dadurch für immer entzweien. Dazu kennt jede und jeder von uns eine Geschichte, und einige wahrscheinlich aus eigener leidvoller Erfahrung. Besonders für Menschen ohne Nachkommen ist das Schreiben eines Testaments von grosser Wichtigkeit. Sie können über ihren gesamten Nachlass frei verfügen. Tun sie es nicht, fällt ihre gesamte Hinterlassenschaft an den Staat. Als grösste Hindernisse, ein Testament zu verfassen, gelten gemäss OMS-Studie[3] die Gewissheit der gesetzlichen Erbfolge, Mangel an Zeit oder die Tatsache, dass sich jemand noch zu jung dafür fühlt. Ein weiterer Grund liegt in der Annahme, man habe zu wenig Vermögen.

Wer eine Organisation im Testament bedenken will, sollte berücksichtigen, dass der Beitrag für die Zukunft angelegt wird. Legate und Spenden können viel bewirken. Hier ein paar Beispiele:

— Langfristige Investitionen wie der Ankauf von Gebirgshelikoptern für den Einsatz in Schweizer Bergregionen (Rettungsflugwacht Rega)
— Neues Zuhause für ausgesetzte und misshandelte Tiere (Schweizer Tierschutz)
— Umsetzung innovativer Wasserprojekte in Afrika, die für eine Viertelmillion Menschen sauberes Trinkwasser bereitstellt (Helvetas Schweiz)
— Rettungsaktionen in Pakistan, um möglichst viele Flussdelfine, die immer wieder in austrocknenden Bewässerungskanälen stranden, in den Fluss zurückzubringen (zweckgebundenes Legat an WWF)
— Zusammenführung von Flüchtlingsfamilien (Schweizer Flüchtlingshilfe)
— Schaffung von neuen Schweizer Naturschutzgebieten (Pro Natura)
— Reparatur der durch den Sturm Lothar zerstörten Anlage für Schneeeulen (zweckbestimmtes Legat an den Zoo Zürich)
— Entwicklung von Aktivitäten für den Schutz der Menschenrechte im Tessin. Ausbau eines Regionalzentrums in Lugano, welches für Kampagnen- und Medienarbeit eingesetzt wird (zweckgebundenes Legat an Amnesty International)
— Sicherung eines Generationenwechsels auf dem Hof eines Bergbauern (zweckgebundener Nachlass an die Schweizer Berghilfe)

Für manche gemeinnützige Werke, wie die Stiftung Frauenhaus Zürich, ist es der Betrieb als solcher, der ohne Erbschaften möglicherweise nicht garantiert werden könnte.

Ich schaue gerne zurück auf die vielen persönlichen Gespräche und Begegnungen im Zusammenhang mit diesem Buch. Sie haben mich berührt und persönlich reicher gemacht. Mich hat beeindruckt, mit welcher Klarheit diese Menschen über den Tod hinausdenken. Sie haben mit Herzblut entschieden, was mit ihrem Vermögen einmal geschehen soll. Sie alle haben bestätigt, wie erstaunlich einfach es sei, ein Testament aufzusetzen. Wichtig ist lediglich, eine Entscheidung zu treffen. Lieber heute als morgen.

Dieses Buch ist meine private Initiative. Obwohl ich seit vielen Jahren für die Organisation tätig bin, ist es in keiner Weise mit Greenpeace verbunden.

—

Muriel Bonnardin

—

[1] Quelle: Stutz Heidi, Bauer Tobias, Schmugge Susanne: Erben in der Schweiz. Eine Familiensache mit volkswirtschaftlichen Folgen. Forschungsprojekt im Rahmen des Nationalen Forschungsprogramms 52. Zürich/Chur, (2004) (Rüegger)
[2] Quelle: Moneta (4/2004), Kundenmagazin Alternative Bank ABS, Olten
[3] Quelle: Claudio Beccarelli, Ruth Wagner: Studie Testamente, Erbschaften und Legate. OMS, One Marketing Services, Zürich, (2006).

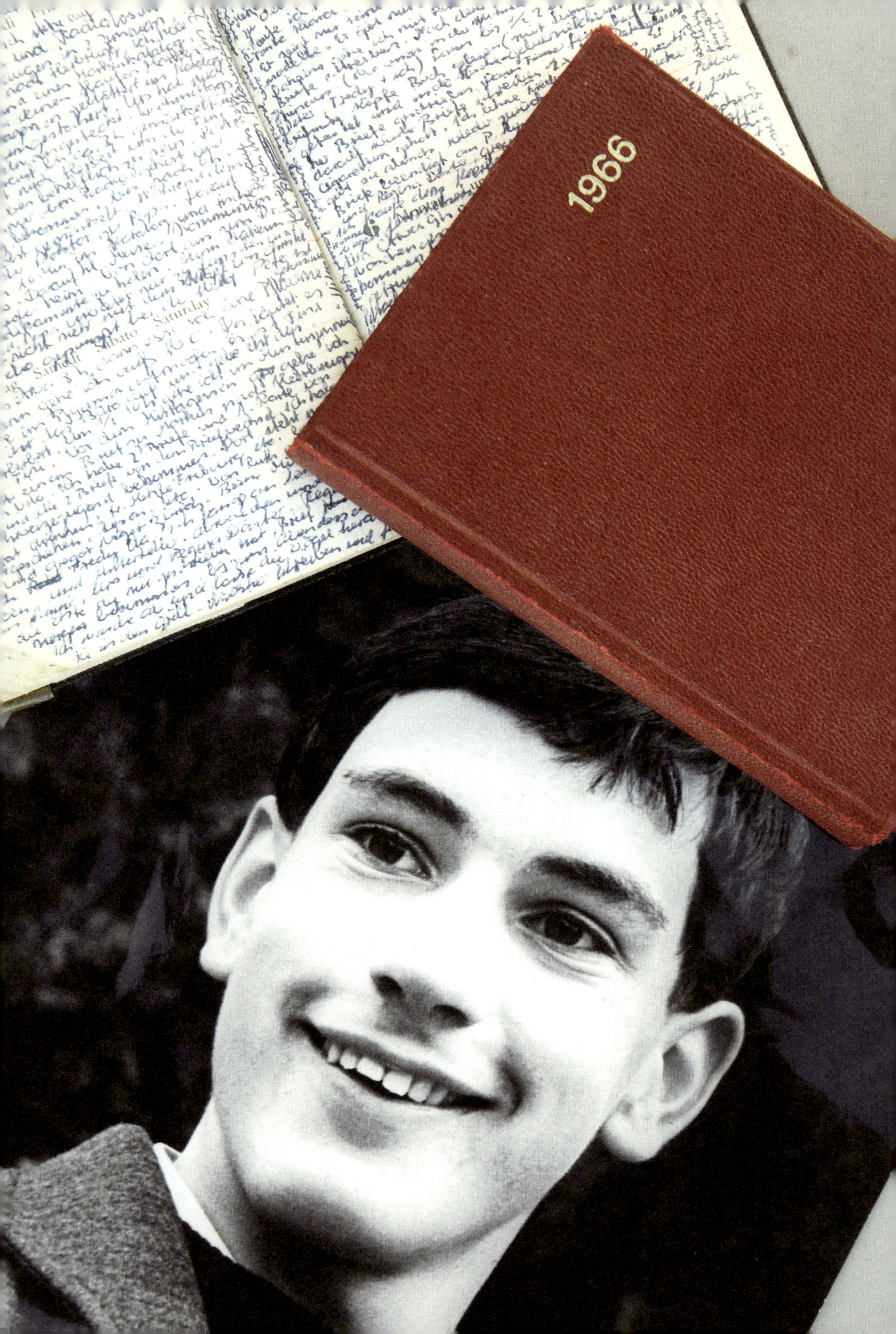
1966

**«Ein Legat
für die Menschenrechte»**
— —

—

Der Schlüsselbund klimpert, als Martin Metzler die Tür zu seiner Terrassenwohnung aufstösst. Sie gibt den Blick frei in einen eindrücklich grossen Raum mit weissen Steinplatten, auf denen sich die Frühlingssonne spiegelt. Dies sei sein Refugium, ein Ort, um anzukommen nach den vielen Geschäftsreisen. «Ist der Koffer ausgepackt, beginnt sich auch der Kopf zu leeren. Erst dann gewinne ich Distanz zum Job.»

Wir sitzen auf seiner grossen Terrasse, der Blick reicht weit ins Glatttal und auf grüne Hügelzüge. Martin Metzler ist 57, trotz seiner grau melierten Haare wirkt er jünger. Vielleicht ist es der Schalk in seinen Augen. «Meine Familie ist mir sehr wichtig. Wenn ich an meine Kindheit denke, kommt mir als erstes meine Mutter in den Sinn. Sie war eine starke Frau, die sich liebevoll für uns Kinder aufgeopfert hat. Ich war der zweitjüngste von acht Geschwistern. Mein Vater, ein erfolgreicher Unternehmer, war eine imposante Erscheinung und eine Persönlichkeit mit hohem Pflichtethos.»

Martin Metzler stammt aus einer traditionell im St. Galler Rheintal ansässigen Familie von Bauern und Weinbauern. Sein Nachname lässt sich in der Familienchronik bis ins 17. Jahrhundert zurückverfolgen. In einer Zeit, in der St. Gallen mit der Textilindustrie Weltruhm erlangte, stieg auch die Familie Metzler in dieses Geschäft ein. Anfänglich war es ein wichtiger Nebenerwerb, aber das Unternehmen wuchs und der Hof wurde aufgegeben. Doch die St. Galler Stickerei geriet aus der Mode, und die Metzlers stellten notgedrungen auf die Produktion von Hemden um. Damit retteten sie das heute noch existierende Familienunternehmen.

Ursprünglich wollte Martin Metzler Pfarrer werden. Mythologie und die Gottesfrage interessierten ihn. Dann entschied er sich aber, Anwalt zu werden. Das Recht und die Juristerei faszinieren ihn bis heute. Der Kampf gegen Ungerechtigkeit und wie sie bekämpft werden kann, prägt sein Denken. «Als promovierter Jurist war ich ursprünglich in der Advokatur tätig, wo mein mehrsprachiges Verhandlungsgeschick bald zu meinem Markenzeichen wurde. Diese Fähigkeit und persönliche Kontakte führten mich in die Assekuranz, der ich seither treu bin. Als Präsident eines Spezialverbands vertrete ich unter anderem die Interessen der Versicherungsbranche in internationalen Gremien.»

Die Arbeit ist für Martin Metzler enorm wichtig und erfüllend. «Die Metzlers waren schon immer mit Leidenschaft bei der Arbeit», sagt er selbstbewusst. Ebenso leidenschaftlich betreibt er Sport, und er bedauert es sehr, dass ihm die Zeit fürs Schwimmen, Skifahren, Velofahren und – vor allem zum Tennisspielen – oft fehlt. Martin Metzler ist ein Mensch, der gerne Leute kennen lernt, und er versteht es, Beziehungen zu knüpfen. Ihn zieht es da hin, wo Menschen sind, wo Begegnungen stattfinden und soziale Kontakte schnell geknüpft werden. In südliche Länder zum Beispiel. Er erzählt lebendig, anschaulich und mit strahlenden Augen von seinen Reisen nach Asien und Südamerika. «Eintauchen in andere Kulturen, neue Begegnungen erleben und Freundschaften schliessen, das beglückt mich», sagt er und lächelt dabei zufrieden.

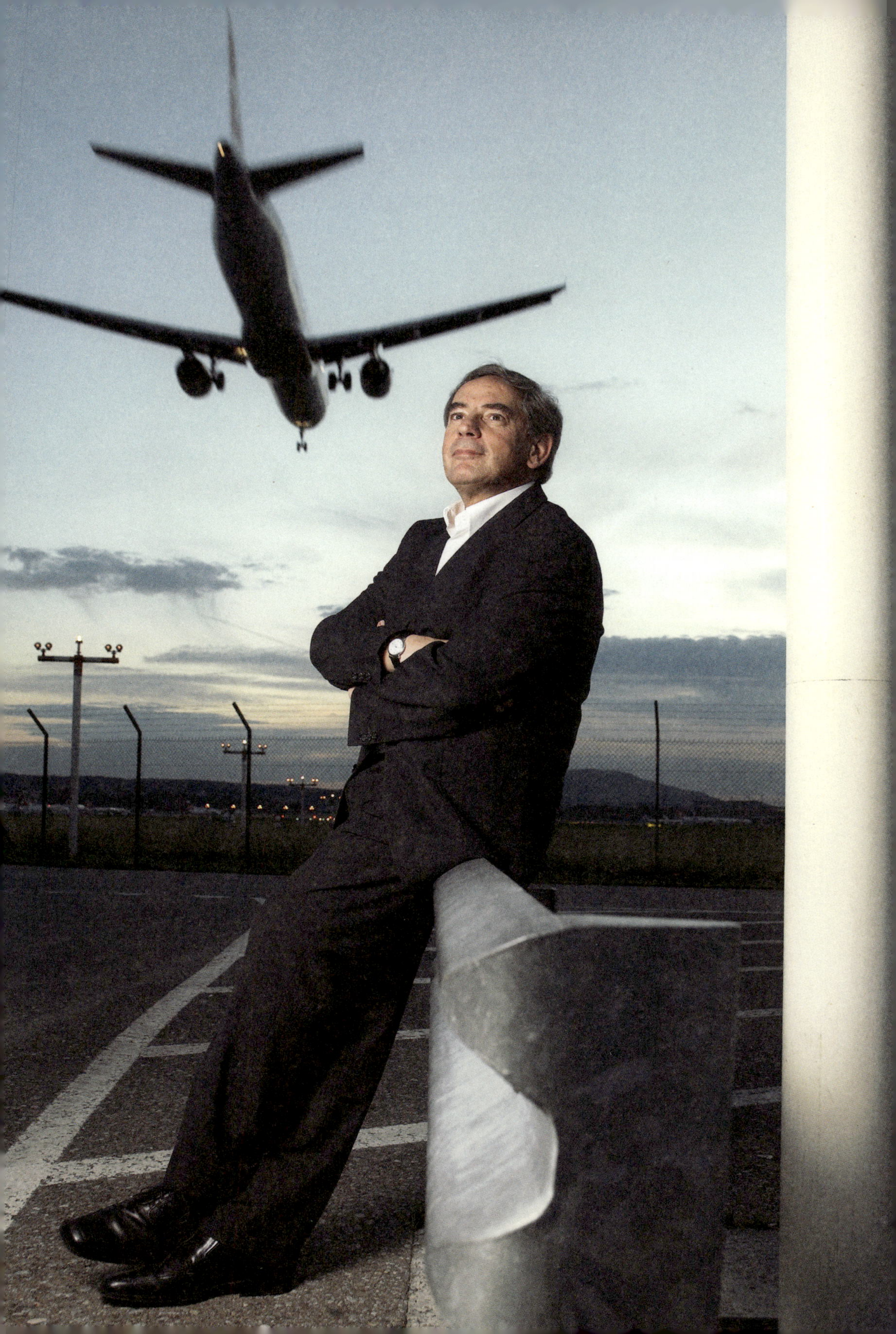

Den Sinn für Gerechtigkeit entwickelte Martin Metzler schon in jungen Jahren. Bücher wie *Onkel Toms Hütte* haben ihn tief beeindruckt, und die Ungerechtigkeit gegenüber Schwarzen liess die ersten Fragen in ihm aufkommen. Später, als Jugendlicher in den sechziger Jahren, als das Fernsehen in die Schweizer Stuben kam und in Bildern von der Ermordung Kennedys und des schwarzen Bürgerrechtlers Martin Luther King berichtete, bedrängte er seine Eltern mit Fragen über Gerechtigkeit und Gleichberechtigung, erhielt aber nie eine für ihn gültige Antwort. Er kam zum Schluss, dass Anderssein anscheinend nicht in Ordnung war und ein Grund ist, gemieden oder unterdrückt zu werden. «Das darf nicht sein, für niemanden, auch für mich nicht. Deshalb habe ich mich für Amnesty International entschieden. Die machen mutige Arbeit und kämpfen über alle Parteien, Grenzen und Religionen hinweg gegen jede Form der Diskriminierung.»

Martin Metzler dachte schon früh über sein Testament nach. Zeit zum Nachdenken findet er zum Beispiel im Flugzeug, über den Wolken. «Da kann ich meine Gedanken schweifen lassen, da gibt es keine Mauern mehr, da fliesst es in meinem Kopf. Nichts ist so sicher wie der Tod, da ist es doch klug, sich damit zu befassen.» Seine Eltern haben ihm das vorgelebt. In seiner Familie war der Tod kein Tabu, es habe immer geheissen, der Tod gehöre zum Leben. Ein Testament zu schreiben, bedeutet ihm Ruhe, Ordnung und Freiheit. Und gibt ihm vor allem die Sicherheit, richtig verstanden zu werden und somit keinen Streit zu entfachen. Papier und Stift hat er deshalb mit einem guten Gefühl in die Hand genommen. Ihm sei bewusst geworden, dass er nicht alleine ist, sondern von vielen Freunden und Verwandten umgeben ist. Das einzige, was ihn beim Niederschreiben plagte, war die Angst, nicht alle Erwartungen erfüllen zu können. «Ein Testament ist für mich wie eine Belohnung. Ich möchte Freundschaften belohnen. Menschen, die ich gern habe, die mein Leben reich gemacht haben, die mich weitergebracht haben, sollen von mir etwas zurückbekommen. Amnesty gehört da mit dazu.»

Den Inhalt seines Testamentes und auch die anspruchsvollen Wünsche, die darin festgehalten sind, hat Martin Metzler mit seinen Geschwistern und Freunden offen besprochen. Sie hätten grundsätzlich zugestimmt. «Ich möchte kremiert werden und wünsche mir, dass meine Freunde meine Asche in kleinen Urnen an bestimmte Orte, die ich bereist habe, bringen und sie dort verstreuen. Der Gedanke daran macht mich glücklich. Ich denke an die letzte grosse Reise, und dies ermöglicht mir, den Tod mit einem positiven Bild zu verbinden. Und die Freunde können sich Zeit lassen, um Abschied zu nehmen.»

Mehr und mehr kommen seine verschiedenen Gesichter, Träume und Sehnsüchte an die Oberfläche: Martin Metzler, der Mercedesfahrer. Der Anwalt und Menschenrechtler. Der Familienmensch. Der Abenteurer. Der Mensch der Gedanken, ohne Angst vor der eigenen Vergänglichkeit. Redselig, sprudelnd und doch überlegt. Eine neugierige Person, die die Auseinandersetzung mit sich selbst nicht scheut. «Wenn ich im Ausland ein bisschen Zeit habe, dann findet man mich ab und zu in einem Buchladen. Gerne stöbere ich Bücher auf, die meinen Wissenshunger stillen, sei es, um meine Fremdsprachenkenntnisse zu vertiefen, oder, um meine Allgemeinbildung zu fördern. Ich liebe das Abtauchen in andere Welten und über das Leben zu lesen – nicht nur über die schönen Seiten. Das macht mich sensibler, offener. Es gibt Momente, wo ich mir sage, so tief und so weit müsste ich nicht denken. Aber ich kann mich nicht zurücknehmen.»

—

Martin Metzler (*1950) lebt bei Zürich.

—

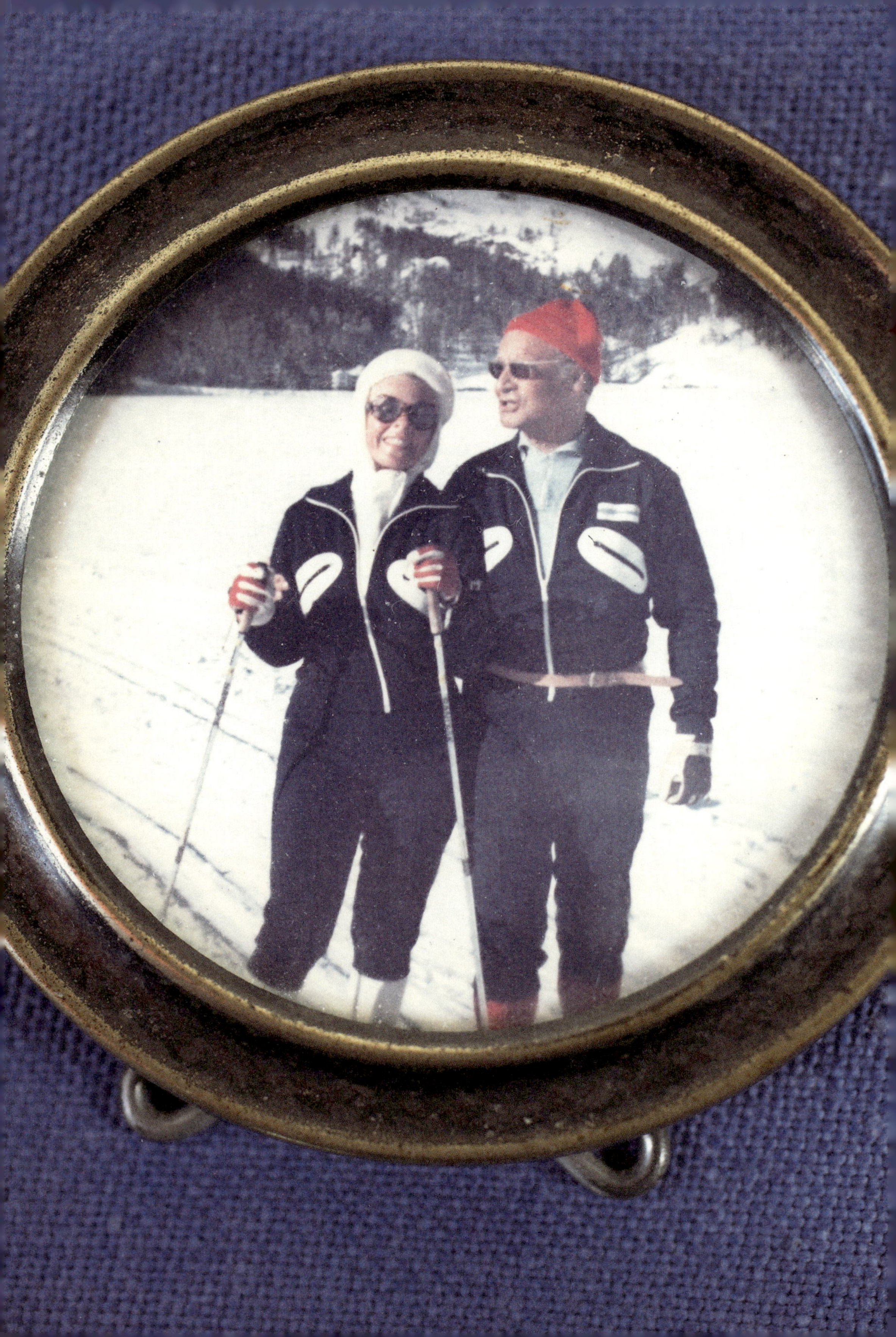

«Seit alles geregelt ist, leben wir viel besser»

Der Wunsch ging kurz vor seinem achtzigsten Geburtstag in Erfüllung. Auf die vierrädrige Schönheit hatten sie schon lange ein Auge geworfen, doch die Farben der verkäuflichen Modelle lagen bisher ausserhalb ihrer Lieblingsskala. Doch nun war es soweit: In leuchtendem Rot strahlte ihnen der Wagen entgegen, der Beschluss war gefallen, und seither steht der Maserati, Jahrgang 1966, neben den Alfa Romeos von 1966 und 1975. Es sollten allerdings nochmals vier Jahre verstreichen, bis sich das Ehepaar Frossard einen zweiten grossen Wunsch erfüllte: «Ich musste tatsächlich 84 Jahre alt werden, bis ich endlich in eine Steilwandkurve kam», sagt Doris Frossard. Zusammen mit den Kollegen vom Maserati-Club fuhr das Paar nach Turin, wand sich die 17 Kurven des Fiat-Turms hinauf, um sich dann auf die Versuchsstrecke mit dem Kurvenwinkel von 39 Grad zu begeben. Sie sind sich einig: «Es war herrlich!»

Alte Autos sind ihre Passion. «Wir hatten schon immer eine Vorliebe für rassige Wagen», sagt sie, deren rasante Manöver ihren Mann bis heute beeindrucken: Zu Beginn ihrer Ehe, vor fünfzig Jahren, hatte Edmond Frossard ein Geschäftsauto Marke Opel Record. Mit dieser «Kiste» habe seine Frau auf einer Passstrasse einen Engländer

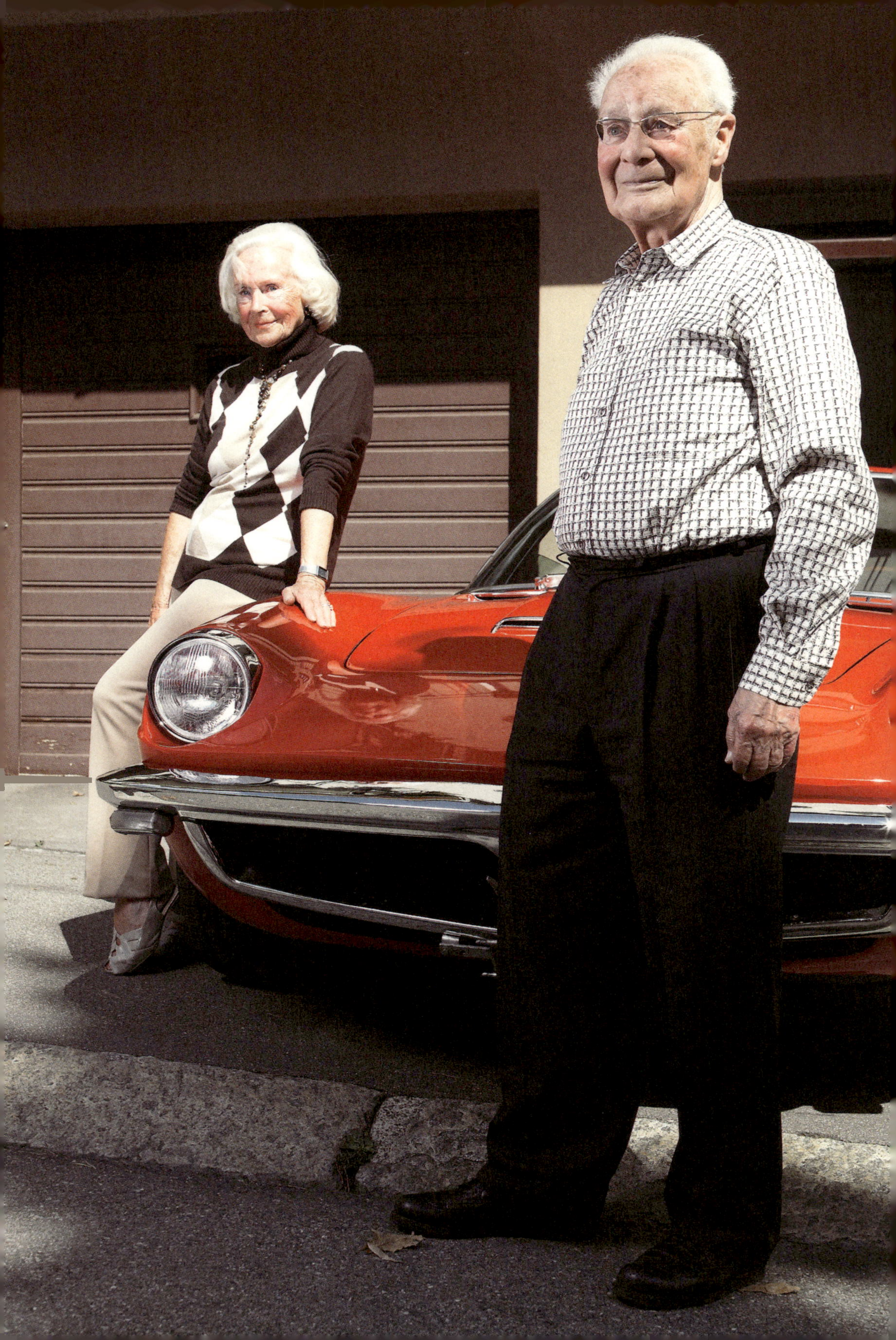

in einem Triumph Sport «mit links überholt». Doch nicht nur am
Steuer sei sie ein «Ass», sondern auch als Copilotin. Mit Leidenschaft
bestreiten Frossards Rallyes – die letzte vor wenigen Monaten –
und in schöner Regelmässigkeit landen sie auf den vordersten Rängen.
Etliche Pokale säumen die Regale ihrer Mietwohnung. Minuziös
bereiten sie sich jeweils vor, studieren das Reglement genau. «Wir
schreiben quasi jedes Mal ein Drehbuch», erklärt Edmond Frossard.
Während der Wettläufe liegt das Roadbook jeweils auf dem Schoss
seiner Frau, wenn sie ihm mit ruhiger Stimme Entfernungsangaben,
Kurvenradien und Besonderheiten der Route ansagt – in der Hand
die Stoppuhr. Schliesslich kommt es auf jede Zehntelsekunde an.

«Wir können uns rundum aufeinander verlassen», sagt er. Das haben
sie auch in unzähligen Segelregatten unter Beweis gestellt, die er
als Steuermann und sie im Trapez bestritt. Nach solchen Einsätzen
waren die Schwielen an Doris Frossards Händen manchmal so
wulstig, dass sie sich tagelang nicht mehr an ihre Hausorgel setzen
konnte. Nun umschliesst ihr Mann diese Finger und strahlt seine
Frau so liebevoll an, als kenne er sie erst seit kurzem. Dabei hatte er
bereits in der Sekundarschule ein Auge auf sie geworfen und wartete
nach der letzten Stunde jeweils auf «das weitaus hübscheste Mädchen der Schule». Dann sollten sie sich für einige Jahre nicht mehr
begegnen; er lernte Sprachen im Ausland, sie arbeitete bei einem
Verlag. 1953 kreuzten sich ihre Wege erneut an der Zürcher Bahnhofstrasse. Zur Begrüssung zupfte sie ihn am Ärmel, worauf ihn
«der denkbar angenehmste Elektroschlag» getroffen habe. Er arbeitete damals in Deutschland, fortan schrieben sie sich regelmässig,
zu den Wochenenden jeweils einen Expressbrief. Auf Deutschland
folgte Belgien und auf Belgien Frankreich. 1959, während der Hochzeitsreise nach Paris, stellte er seiner Frau die Damen der Parfümerie vor, die er jeweils mit ihrem Foto aufgesucht hatte, um sich gut
ausgerüstet für den passenden Duft beraten zu lassen.

Beide standen damals mitten im Leben. Längst hatte sich Edmond Frossard dem Wunsch seines Vaters widersetzt, eine Bankkarriere einzuschlagen. Seine Passion lag in einem anderen Bereich: Unvergessen ist der Moment, als er zum ersten Mal in einem Röntgenraum stand. Er war zehn Jahre alt, hatte eine Reihe von Kinderkrankheiten sowie eine Tuberkulose-Ansteckung hinter sich und musste fortan regelmässig untersucht werden. So kam er immer wieder in Kontakt mit der Röntgentechnik. «Dass da etwas durch den Körper hindurchgeht, das keiner sieht und das so viel Aufschluss gibt, war für mich ein Wunder.» Er begann, alles über dieses Wunder zu lesen, was ihm zwischen die Finger kam, und nach der Matura machte er sich auf den Weg nach Holland, um Einblick in die einzige Fachschule zu bekommen. Elektromedizin war damals noch kein Studiengang, doch es gelang ihm als einem der wenigen, das Berechnen von Strahlentherapien auf Universitätsniveau zu erlernen. Das sprach sich in Fachkreisen schnell herum. Bald schon kam die Weltgesundheitsorganisation auf ihn zu und involvierte ihn unter anderem in ein umfassendes Tuberkulose-Programm: Weltweit prüfte er Röntgenanlagen in Spitälern und beriet Staatssekretäre sowie Gesundheitsminister. Daneben arbeitete er während vierzig Jahren für zwei grosse europäische Firmen, war phasenweise im Ausland stationiert und oft auf Reisen. Seine Frau unterstützte ihn nach Kräften. Bewusst hatte sich das Paar gegen Kinder entschieden. «Wir haben uns füreinander entschieden – und das keine Minute bereut», sagt sie.

Eigentlich hatte er sich vorgenommen, die intensive Berufszeit mit Ende sechzig Schritt für Schritt zu beenden. Doch immer wieder erreichten ihn interessante Angebote. Zudem arbeitete er sich damals neu ins Gebiet der Hämapheresis ein – ein Verfahren, das im Rahmen der Stammzelltherapie, bei Blutwäschen sowie zur Gewinnung von Blutbestandteilen für Patienten angewandt wird, die aufgrund einer Chemotherapie zu wenig Blutplättchen haben. Das Thema beschäftigt ihn seit langem. Einige ihm nahestehende Menschen sind an Krebs gestorben. Vor fünf Jahren stellte sich ausserdem heraus, dass er einen ums Zwanzigfache erhöhten prostataspezifischen Antigenwert hatte. Es folgten der Gang zum Urologen, ein Ultraschall, eine Biopsie und die Nachricht, dass er einen bösartigen Tumor hatte.

Nach der Operation kam ihm das Testament wieder in den Sinn, das er gemeinsam mit seiner Frau einige Jahre zuvor aufgesetzt hatte. Damals fanden sie es an der Zeit, «für Ordnung nach dem Tod zu sorgen», und beide hatten ihre Patenkinder begünstigt. Doch nun beschlossen Frossards, einen grossen Teil ihres Vermögens der Krebsforschung zu vermachen. «Wir möchten Menschen mit Krebs helfen und nicht ausschliesslich unsere Verwandten berücksichtigen, die Geld gar nicht so nötig haben», sagt Doris Frossard. «Es gibt uns ein gutes Gefühl, einen Betrag einsetzen zu können, der nicht nur wenige Tröpfchen in einem See ausmacht, sondern wirklich etwas auslöst», fügt er an. Und beide sind sich einig: «Wir leben viel besser, seit alles geregelt ist.»

Sie sind dankbar füreinander, für die Zeit miteinander, aber auch für Momente, die jeder für sich verbringt. Morgens verlässt sie jeweils dann die Wohnung, wenn er vom Frühstücksausflug in seinem Stammcafé bereits wieder zurückgekehrt ist, und sucht dann «ihr» Café auf. Täglich begeben sie sich gemeinsam auf «zügige Lauftouren». «Gemächliche Spaziergänge behalten wir uns für später auf», erklärt sie. Und die Rallyes? Die werden sie langsam auslaufen lassen. «Unsere bisherige Karriere ist unfallfrei», sagt er. «Und das soll so bleiben.»
—
Doris und *Edmond Frossard* (beide *1923) leben in Zürich.
—

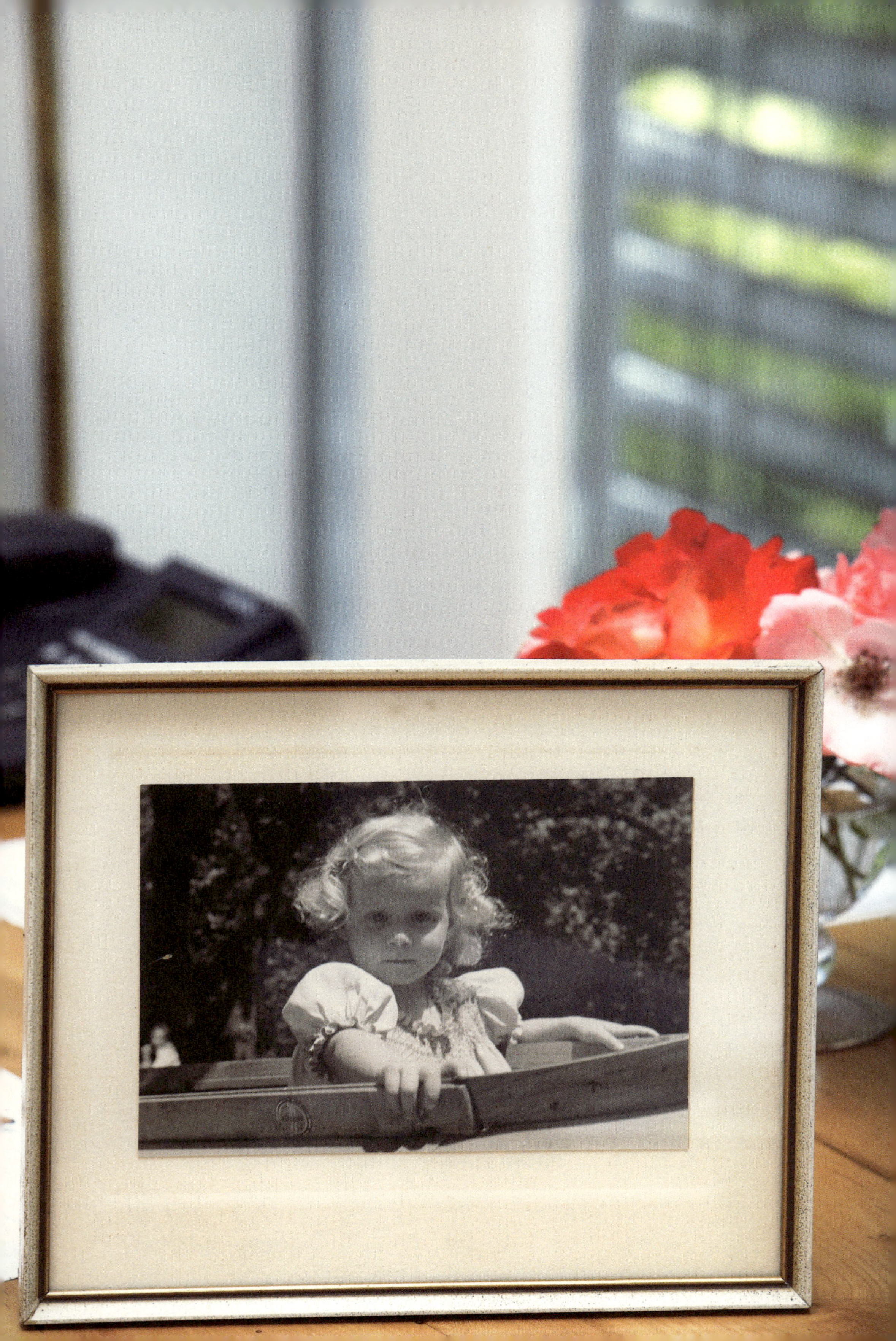

**«Am Schluss meines Lebens
möchte ich wissen, was Liebe ist,
und sie auch gelebt haben»**
— —

—

Von der Terrasse schweift der Blick über einen prächtigen, dicht bewaldeten Hügel. Scheinbar fernab von der Stadt, aber doch so nah. Gioia Theler hat lange nach diesem Ort gesucht. Naturnah und doch zentral gelegen. Sie sitzt in einer engen verwaschenen Jeans und einem T-Shirt in der lauen Abendluft am Holztisch. Die langen, graublonden Haare fallen ihr auf die Schulter. Sie wirkt jung, jung geblieben. Jedenfalls nicht so, wie man sich eine über siebzigjährige Frau vorstellt. Gioia Theler zieht an ihrer Zigarette und erzählt aus ihrem Leben. «Im Herzen war ich schon immer eine Rebellin, eine Andersdenkende.» Sie stammt aus einem wohlhabenden Haus. Die Kindheit verbrachten sie und ihr Bruder zusammen mit Grosseltern, Eltern, Onkeln, Tanten und deren Kindern auf dem Areal des privaten Sanatoriums ihres Grossvaters. Das Sanatorium, eine Nervenklinik, existiert heute nicht mehr, es lag in Küsnacht, direkt am Zürichsee. Damals, in den dreissiger Jahren, war die Gegend um den Zürichsee noch sehr ländlich. «Wenn wir das Heu einbrachten, sass ich jeweils stolz zuoberst auf dem Heuwagen. Doch schon damals fiel mir der Unterschied auf zwischen Leuten, die am See, am Berg oder im Dorf wohnten.» Die Mitschüler waren meist Kinder

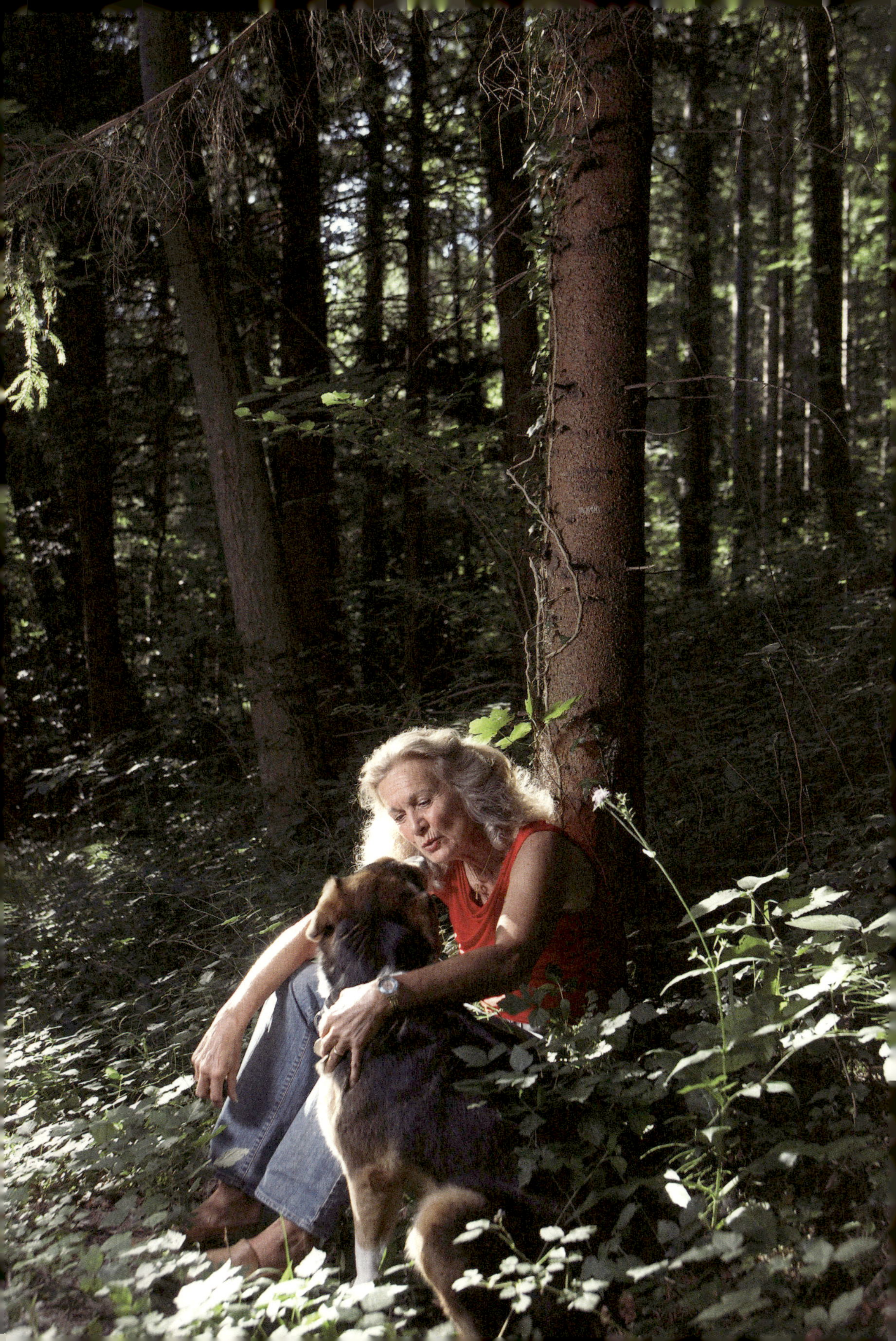

von Handwerkern oder Bauern. Die Mädchen trugen ihr Haar zu Zöpfen geflochten, hatten Schürzen umgebunden und kamen barfuss zur Schule. «Als Kinder einer Akademikerfamilie wurden wir ausgegrenzt. Für diesen Unterschied, dieses ‹Bessersein› habe ich mich immer geschämt. Ich habe meine Schuhe versteckt und die Mädchen gebeten, mir Zöpfe zu flechten.»

Das Areal der Klinik mit vielen Tieren war ihr Paradies. Sie habe jede freie Minute draussen verbracht, und das alleine Herumstreunen habe ihre Liebe zur Natur früh geweckt. In geschlossenen Räumen habe sie sich schon als Kind eingeengt und gelangweilt gefühlt. Sie erinnert sich, wie befremdend es für ihre Mutter war, wenn sie erklärte, sie sei zu spät, weil sie sich noch mit Pflanzen und Tieren unterhalten habe. «Ich war ein verträumtes, verzaubertes Mädchen, glücklich in der Obhut dieses Ortes. Bis sich eines Tages alles änderte.» Ihr Onkel, der die Klinik übernommen hatte, beanspruchte das Wohnhaus für das Sanatorium, und die junge Familie musste ausziehen. Der Familienkrach habe ihre Jugend und ihr Denken geprägt. «Zu oft habe ich meine Mutter bitterlich weinen sehen. Daran erinnerte ich mich, als ich später mein eigenes Testament schrieb.»

Am neuen Ort habe sie sich nur schwer einleben können. Die Schule langweilte sie, und als sie in die Pubertät kam, galt ihre ganze Aufmerksamkeit den Buben. Ihre Mutter starb jung und unerwartet an Krebs. Der Vater, mit dem sie sich eng verbunden fühlte, war gesundheitlich und, durch den Tod seiner geliebten Frau, auch seelisch angeschlagen und konnte ihr und ihrem Bruder wenig Unterstützung bieten. So musste sie sehr früh Selbstverantwortung übernehmen. Den ursprünglichen Plan, Biologie zu studieren, um später einmal Feldarbeit machen zu können, liess sie fallen und absolvierte nach der Matura die Dolmetscherschule in Genf. Gearbeitet und Geld verdient hat sie nur kurze Zeit. Sie heiratete ihre Jugendliebe und führte in jeder Beziehung ein sorgloses Leben. Die Hälfte des Jahres lebte das Paar in ihrem Haus im Tessin, die andere Hälfte in den Bergen. Gioia Theler erinnert sich an eine schöne Zeit, aber sie sollte nicht lange anhalten. Nach den berüchtigten sieben Jahren verliebte sie sich leidenschaftlich in einen anderen Mann, von dem sie später zwei Kinder bekam.

«Wir waren eine perfekte Familie. Gesunde Kinder, angesehen und materiell abgesichert. Allerdings muss ich zugeben, dass wir den tieferen Themen des Lebens möglichst ausgewichen sind.» Das ging viele Jahre gut, bis sich bei ihr schleichend eine Sinnkrise entwickelte. Es musste doch etwas Tieferes, Bedeutungsvolleres geben, als das materielle Leben zu geniessen. Gioia Theler begann, spirituelle Literatur zu lesen, zu fotografieren und stellte fest, dass ein Teil von ihr bisher ungelebt war. Ihre zweite Ehe ging in die Brüche, doch in diesem schwierigen Moment eröffneten sich ihr unverhofft zwei neue Lebenswege: der spirituelle und der berufliche. Sie plante ihr Leben neu. Gioia Theler folgte einem spirituellen Meister in seinen Ashram nach Indien und stellte erleichtert fest, dass es Menschen gab, die Einsichten und Antworten auf ihre Fragen hatten. Zum anderen begann sie, als Freiwillige für eine biologische Forschungsstation in der Provence und in Spanien zu arbeiten. Endlich konnte sie das machen, was sie sich immer gewünscht hatte: Feldarbeit. «Mit Stiefeln bis zu den Schenkeln, Teleskop und Rucksack ausgerüstet habe ich monatelang in den Salinen Flamingos aufgespürt. Eine kleine Hütte auf Pfählen war mein Zuhause. Dort lebte ich alleine und notierte meine Beobachtungen.» Die einsame Arbeit, Wind und Wetter ausgesetzt, waren eine berauschende Erfahrung. Ihre Zufriedenheit animierte sie, an weiteren Tierschutzprojekten mitzuwirken. Sei es für die Elefanten in Afrika, Meeresschildkröten auf Kreta, Wildpferde in Südfrankreich oder Lemuren auf Madagaskar. Sie begann anders zu leben, bewusster und mit anderen Werten. Mit innerer Zufriedenheit und im Angesicht Gottes, wie sie gerne betont. Mit 65 traf sie die schreckliche Diagnose Brustkrebs. «Man denkt immer, es passiere nur den anderen.» Bewusst und entgegen den Erwartungen ihrer Familie befolgte sie nicht den Weg der Schulmedizin, sondern entschied sich für eine anthroposophische Heilmethode. «Als mir meine Schwiegertochter kurz nach der Operation mitteilte, sie sei schwanger, war ich zutiefst gerührt und gleichzeitig voller Sorge, ich könnte mein erstes Enkelkind nicht mehr erleben. Heute ist das Mädchen fünf Jahre alt und ich lebe immer noch. In der Zwischenzeit bin ich stolze zweifache Grossmutter.» Rückblickend ist sie überzeugt, zwei wichtige Meister in ihrem Leben gehabt zu haben: den indischen Guru und ihre Krankheit.

Vor zwei Jahren begegnete ihr bei einem Besuch bei Freunden Franz. Ein Geschenk des Himmels. Nie im Leben hatte sie damit gerechnet, mit siebzig Jahren noch einen Mann zu treffen, der zu ihr passt. «Wir geniessen jeden einzelnen Moment und Tag, den wir zusammen verleben dürfen. Eine Liebe im Alter ist anders. Vieles spielt keine Rolle mehr und anderes umso mehr», meint sie lächelnd.

Rückblickend auf ihr Leben weiss Gioia Theler, dass die Natur in ihrem Testament mitbedacht werden muss. Sie hat sich für Greenpeace entschieden. Die Organisation passe zu ihr und zu ihrem Wesen. «Wir sind uns ähnlich: fallen manchmal unangenehm auf, und wir kümmern uns nicht darum, was andere darüber denken.» Ihr Sohn und ihre Tochter sind damit einverstanden, aber sie geht davon aus, dass gewisse Leute aus ihrem Umfeld es nicht goutieren werden, dass sie einen Teil ihres Geldes an eine Organisation wie Greenpeace vermacht. Sie zuckt gleichgültig die Schultern. «Wie sagte man damals zu mir? Man geht nicht zu einem Guru nach Indien, man stapft nicht in Stiefeln durch den Morast und man geht nicht barfuss in die Schule. Ich habe es getan und bin stolz darauf.»

—

Gioia Theler-Bibus (*1936) lebt in Zumikon.

—

Philipp Andereggen

«Das Geld muss unbedingt weg»
— —

—

Schon bei der Einfahrt des Zuges winkt er dezent, aber bestimmt, und wie vereinbart mit dem orangen Taschenbuch zu Leben und Wirken Henry Dunants. Doch auch ohne diese Erkennungshilfe wäre man im Briger Bahnhof kaum an Philipp Andereggen vorbeigelaufen: Seine aufrechte Haltung wirkt würdevoll, ein Gentleman vom Scheitel bis zur Sohle. Das aber hindert ihn nicht daran, sich nach der herzlichen Begrüssung mit einem Arm einzuhaken. Seine Schritte sind sicher, der Spaziergang quer durch Brig bis zur Wohnung im Stadtteil Glis zieht sich dennoch dahin.

Der Weg führt vorbei an seinem Elternhaus. In der obersten Etage eines stattlichen Gebäudes ist er 1915 als zehntes von zwölf Kindern zur Welt gekommen. Er war dreijährig, als seine Mutter starb. Fortan sorgte die älteste Schwester für die Nachzügler, und damit der kleine Philipp nicht allein zu Hause bleiben musste, durfte er einen der Brüder in die Schule begleiten. Die zweite Frau des Vaters war Krankenschwester und motivierte ihn, Arzt zu werden. Kurz vor dem Examen lernte er seine Frau kennen: Er hatte in der Praxis ihres Schwagers ausgeholfen, während dieser Aktivdienst leistete. Bald war beiden klar, dem Partner fürs Leben begegnet zu sein.

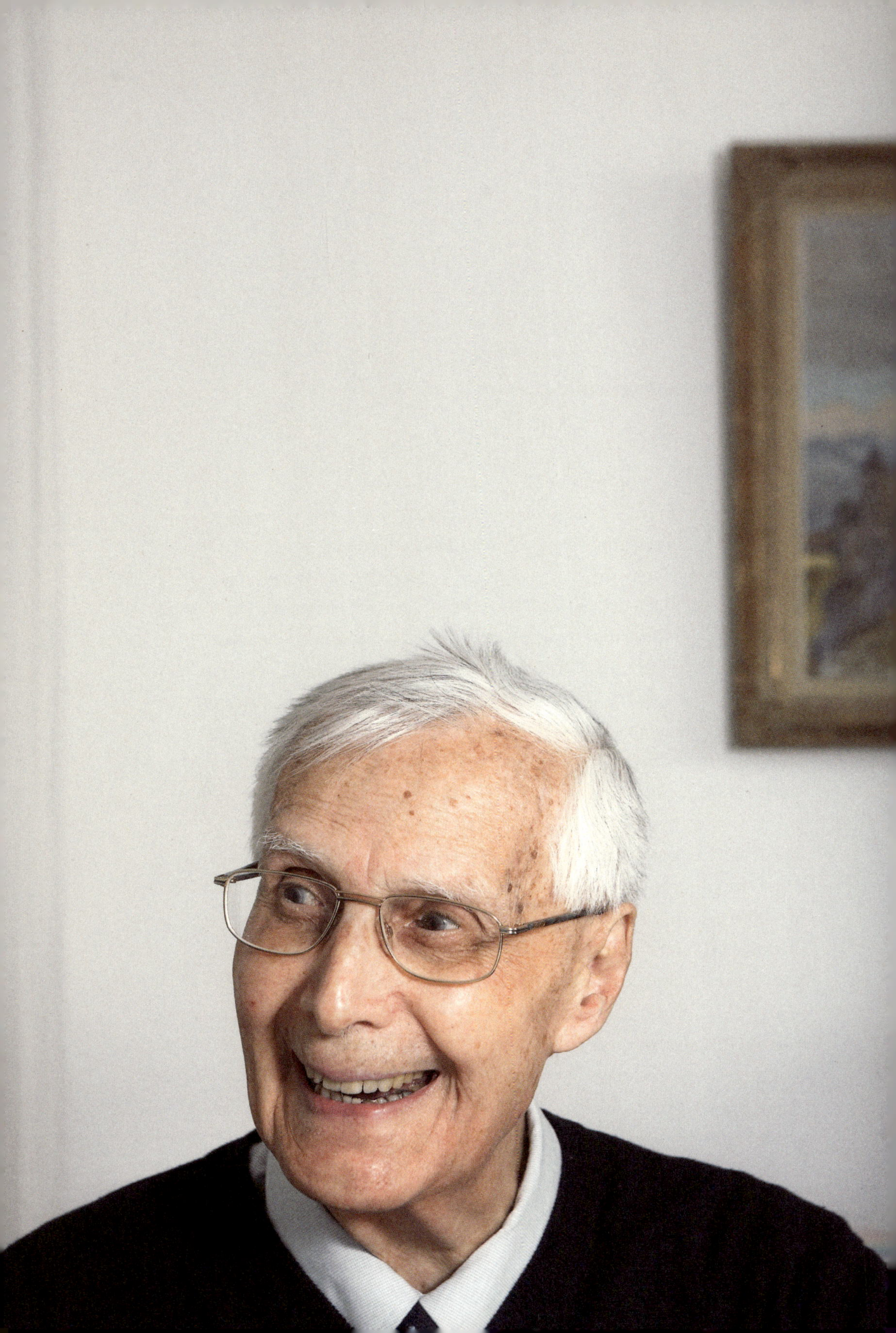

42 Jahre arbeiteten sie gemeinsam in ihrer Praxis in Brig, er als Internist, sie als seine Laborantin. Täglich wurde sie Zeugin seiner Menschenliebe und hatte darum wohl auch Verständnis dafür, dass er jede freie Minute im Dienste anderer verbrachte. Mehr als acht Patienten pro Tag liess er nicht einschreiben, um sich jedem mit Musse widmen zu können. Viele begleitete er über Jahrzehnte und unzählige bis zum Tod. Immer erkundigte er sich nach ihren letzten Wünschen und scheute keine Mühe, zu deren Erfüllung beizutragen. Nachdem ihm ein italienischer Coiffeur von seinem Traum eines Besuchs in der Mailänder Scala erzählt hatte, sassen Andereggens wenig später mit ihm im Zug, um aus der ersten Reihe *Madame Butterfly* mitzuerleben. Eine Woche später starb er.

Dutzende von Geschichten zaubert der 92-jährige Philipp Andereggen aus dem Gedächtnis, alle geschmückt mit zahlreichen Details, Jahreszahlen, Ortsangaben, Namen – als könne er gezielt an Schubladen ziehen, deren Inhalt sich lückenlos vor ihm ausbreitet. Nichts scheint vergessen, alles sprudelt so lebendig aus ihm hervor, als sei es gestern geschehen.

Neben der Praxistätigkeit hielt er unzählige Vorträge, unter anderem beim Schweizerischen Roten Kreuz (SRK). Zwischen 1951 und 1985 war er Präsident der Rotkreuzsektion Oberwallis. Er bildete freiwillige Helferinnen aus, engagierte sich in der Pflege alter Menschen und liess es sich nicht nehmen, die Abschlussveranstaltung von über 500 Kursen zur «Einführung in die häusliche Krankenpflege» persönlich zu besuchen, ebenso wie die von 200 Kursen «Ein Baby wird erwartet», die zu seiner grossen Freude nach und nach auch von Männern besucht wurden. Nachdem der Bundesrat dem SRK 1951 den Auftrag erteilt hatte, sich um Blutspenden zu kümmern, war Philipp Andereggen unermüdlich im Einsatz. 32 000 Blutbeutel fanden dank ihm den Weg nach Bern. Er klopfte das gesamte Oberwallis ab, zog von Dorf zu Dorf und kontaktierte einen Pfarrer nach dem anderen mit der Bitte, zum Spenden aufzufordern. Für seine Besuche auf Fabrikarealen und Gebirgsbauplätzen erhielt er vom IKRK für jede tätige Nationalität die entsprechende Flagge: «In Mattmark küssten zum Beispiel fünfzig türkische Chauffeure ihre Fahne und spendeten dann Blut.»

Nachdem Philipp Andereggen 1961 ins Zentralkomitee des SRK ernannt worden war, erreichte den Bundesrat die Anfrage, tibetische Flüchtlinge in der Schweiz aufzunehmen. «Ich war sofort dafür und setzte mich ein.» Mit Erfolg: Kurz darauf erklärte sich die Landesregierung bereit, tausend Tibeter aufzunehmen. Nach ihrer Ankunft besuchte Andereggen die meisten Tibetersiedlungen der Ostschweiz. «Viele Flüchtlinge waren in einem furchtbaren Zustand, litten an Hautkrankheiten und hatten ein geschwächtes Immunsystem.» Als er zehn Jahre später an ein von Tibetern organisiertes Fest eingeladen wurde, war er glücklich zu sehen, wie «gesund und stark» die ehemaligen Flüchtlinge geworden waren.

«Das Rote Kreuz war meine zweite Familie», sagt Philipp Andereggen. Seit dreissig Jahren ist er nicht nur Ehrenmitglied des Schweizerischen Roten Kreuzes, sondern auch des Polnischen. In den siebziger Jahren war ihm zu Ohren gekommen, dass Kinder in Polen nicht zur Schule gehen konnten, weil sie keine Schuhe hatten. Umgehend hatte er eine Sammlung organisiert, und innert Kürze machten sich zehn Lastwagen mit Kinderschuhen und Kleidern auf den Weg. Das Schicksal junger Menschen liegt ihm am Herzen, vielleicht gerade deshalb, weil er und seine Frau keine Kinder bekommen konnten. Nach dem Tod eines Kollegen und dessen Frau übernahmen Andereggens die Vormundschaft für die zurückgebliebenen drei Vollwaisen. Auch viele andere junge Menschen fanden bei ihnen ein vorübergehendes Zuhause. Immer wieder nahm das Paar Pflegekinder auf. An eines erinnert sich Philipp Andereggen besonders gut: Der Junge stand noch immer auf dem Genfer Bahnhof, als alle anderen Kinder von ihren Gastfamilien bereits abgeholt worden waren. Kurz entschlossen nahm er ihn an der Hand, kaufte einen Blumenstrauss, den er dem Kleinen in den Arm legte, klingelte an der Wohnungstüre, versteckte sich selbst im Treppenhaus und setzte einmal mehr auf das weiche Herz seiner Frau.

Nachdem klar geworden war, dass Andereggens ohne Nachkommen bleiben sollten, befassten sie sich vor fünfzig Jahren zum ersten Mal mit ihrem Testament. Die heutige Fassung berücksichtigt neben einem grossen Betrag ans SRK auch SOS-Kinderdörfer, den Kirchenfonds der Heimatgemeinde sowie eine regionale Institution im Oberwallis. «Ich empfehle allen, ein Testament zu machen», sagt Philipp Andereggen. Oft habe er erlebt, dass Patienten nicht ruhig sterben konnten, weil ihr Nachlass nicht geregelt war. Vor ihm liegt ein prall gefüllter Briefumschlag. «Zuwendungen I bis VI, 2007», ist darauf vermerkt. Stapelweise zieht er Empfangsscheine hervor, mit Heftklammern zu Bündeln sortiert. Täglich erreicht ihn eine Handvoll Bettelbriefe, jeden liest er genau, und kaum ein Einzahlungsschein landet im Papierkorb. Bis vor wenigen Jahren war seine Frau für die Buchhaltung zuständig, seit ihrem neunzigsten Geburtstag kümmert er sich darum. Bis dahin hatte er nicht geahnt, wie viel Geld sich auf dem Konto angesammelt hatte. «Ich dachte: Das kann doch nicht sein – das muss unbedingt weg! Und dann wurde es auch noch jedes Jahr mehr! Meine Frau und ich sind uns einig, dass wir alles verteilen wollen.» Als vor einiger Zeit der Vertreter einer Organisation, die für einen gemeinnützigen Zweck Gold sammelt und einschmelzen lässt, in ihrem Wohnzimmer sass, leerten Andereggens deshalb nicht nur ihren Schmuckkasten, sondern zogen auch ihre Eheringe aus und gaben sie ihm mit.

—

Philipp Andereggen (*1915) lebt mit seiner Frau *Marguerite* in Brig-Glis.

—

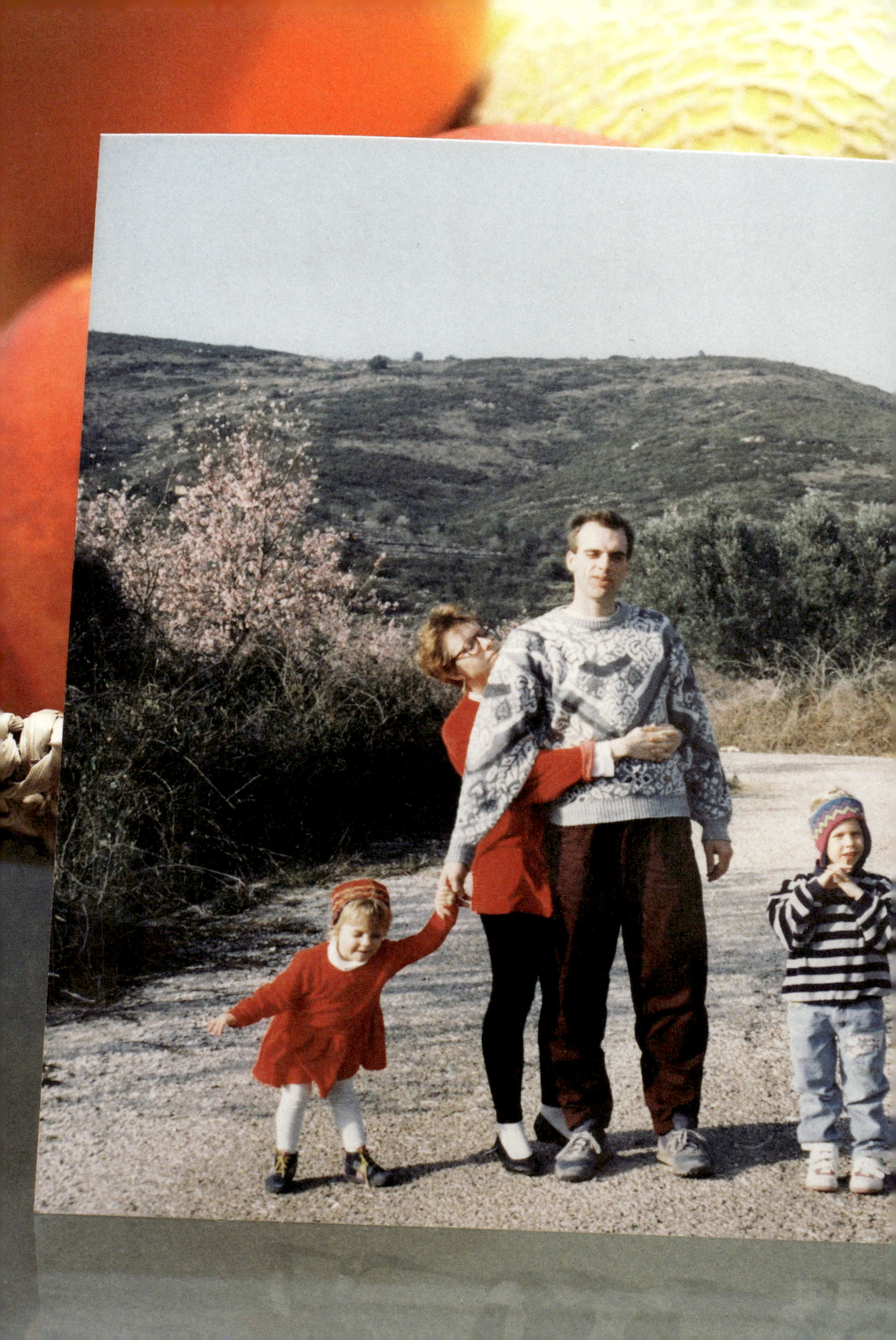

«Wir müssen noch vieles ausdiskutieren»
— —

—

Ihr Zuhause liegt inmitten der schönsten Bergwelt. Macht Sie das zu Bewegungsmenschen?
Vater: Und wie! Wir lieben es, draussen zu sein, wir machen viel Sport, ich fahre, wenn immer möglich, mit dem Velo zur Arbeit. Die Natur fasziniert mich. Ein Blick in ein weisses Schneefeld, auf einen Gletscher – das ist einfach sensationell.
Mutter: Urs liebt die Berge über alle Massen; ich auch, aber für mich sind sie fast eine Selbstverständlichkeit, weil ich ein Leben lang nichts anderes vor meiner Nase hatte. Vielleicht fühle ich mich deshalb auch sehr zum Meer hingezogen.

Führt das zu Auseinandersetzungen, wohin es in die Ferien geht?
Vater: Eigentlich nicht. Wir gehen im Sommer seit Jahren jeweils vier Wochen ans Meer ins Ferienhaus meiner Eltern.
Mutter: Zum Glück, denn ein Monat Familienferien in den Bergen käme teuer zu stehen.

David Elmer, was bedeutet Ihnen die Natur?
Sohn: Viel, gerade weil ich in einer sehr schönen Umgebung aufgewachsen bin und nichts anderes kenne. Auf dem Land ist man stärker mit der Natur verbunden. Das gefällt mir, weil es im Freien

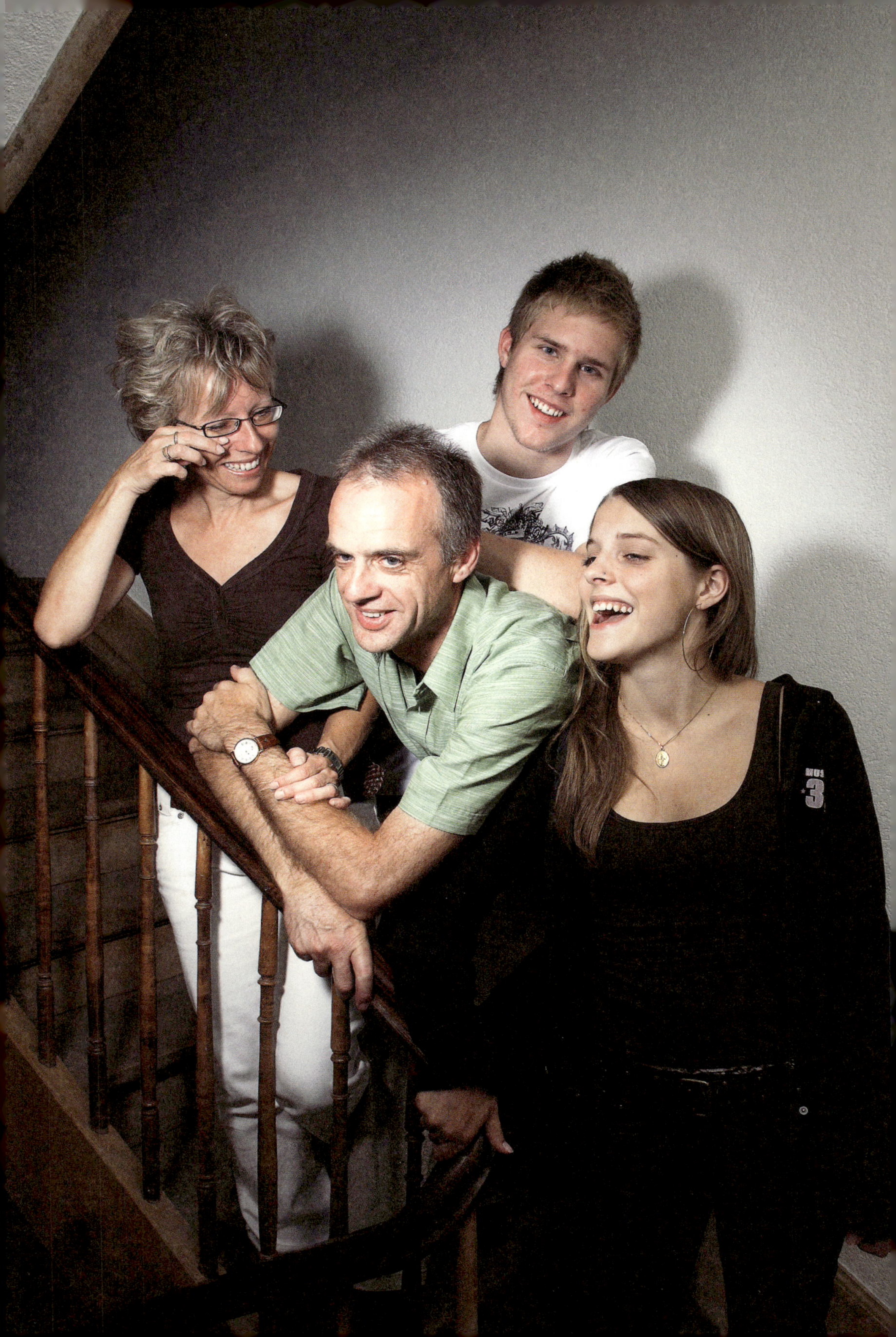

nicht so stressig ist wie im gewohnten Alltag. Für mich ist das eine gute Abwechslung, die mir wohltut.

Es ist Ihnen als Familie offenbar auch ein Anliegen, etwas für die Natur zu tun.
Vater: Ja, seit Jahren unterstützten wir den WWF und Greenpeace. Und durch meine Schwester sind wir mit dem Bergwaldprojekt in Berührung gekommen.
Mutter: Aber wir wären auch sonst darauf gestossen. Nachdem der Sturm Lothar auch bei uns grosse Schäden verursacht hatte, war das Bergwaldprojekt sehr aktiv. Man konnte überall darüber lesen.
Vater: Bisher haben wir uns allerdings nie an einem Projekt aktiv beteiligt und selbst mitgeholfen. Aber ich habe das im Hinterkopf.
Sohn: Das kann ich mir weniger vorstellen. Ich finde, dass ich eigentlich schon genug arbeite …

Herr und Frau Elmer, Sie sind in einer Phase, in der Sie sich über Ihr Testament Gedanken machen. Wo stehen Sie?
Vater: Die meisten Menschen machen sich in unserem Alter wohl noch wenig Gedanken darüber. Solange es einem nicht schlechter geht, gibt es ja eigentlich auch wenig Anlass dazu. Aber wenn einem nahestehende Menschen gleichen Alters sterben, rüttelt das wach und animiert dazu, über die eigene Situation nachzudenken.
Mutter: Aufgrund meiner Tätigkeit bei der Spitex ist das Thema für mich allerdings nicht neu. Da werde ich immer wieder mit dem Tod konfrontiert. Nun aber haben wir beschlossen, uns selbst aktiv mit unserem Testament auseinanderzusetzen.
Vater: Vieles ist im Moment noch unsicher. Sicher ist nur, dass wir das Bergwaldprojekt berücksichtigen werden. Aber ob wir einen Anwalt zu Rate ziehen oder das Testament selbst aufsetzen, wissen wir noch nicht. Wichtig ist uns, dass es eine möglichst unkomplizierte Absichtserklärung ist. Es gibt aber noch vieles, das wir ausdiskutieren müssen.

Sohn: Ich würde da eigentlich auch gerne ein bisschen mitreden und wissen, was ihr macht, damit auch ich mein Einverständnis geben kann.

Finden Sie als Vertreter der nachfolgenden Generation den Entscheid Ihrer Eltern, eine gemeinnützige Organisation zu begünstigen, grundsätzlich sinnvoll?
Sohn: Eigentlich schon. Aber ich fände es einfach sympathisch, wenn neben dem Bergwaldprojekt auch noch für uns Kinder etwas übrig bleibt …
Vater: Keine Sorge, wir werden das sicher miteinander anschauen. Wenn du und Linda etwas anderes wollt und uns davon überzeugen könnt, kann das ein wichtiger Beitrag aus einem anderen Blickwinkel sein.

Hat Ihre Tochter ähnliche Befürchtungen wie Ihr Sohn?
Mutter: Linda ist grundsätzlich weniger kritisch als David. Aber in einem Gespräch hat auch sie schon geäussert, wir sollten nicht allzu viel weggeben.

David Elmer, ist es für Sie seltsam, dass sich Ihre Eltern relativ früh mit dem Thema Testament befassen?
Nein, im Gegenteil, ich finde das gut. Denn es kann ja immer etwas passieren. Meine Sorge ist auch nicht, dass sie sich jetzt bereits mit dem Tod auseinandersetzen, nur weil sie an ihr Testament denken.

Herr und Frau Elmer, was hoffen Sie, mit einem Legat bewirken zu können?
Mutter: Mir liegt der Schutzwald am Herzen. Wenn ich auf Wanderungen sehe, dass Steinlawinen und Schlamm sich auf so leichte Weise einen Weg bahnen können, und dass Becken nötig sind, damit anschwellende Bäche nicht alles überfluten, dann beschäftigt mich das.

Sohn: Darf ich auch etwas dazu sagen? Mir ist einfach wichtig, dass das Geld dem Glarnerland zugutekommt – meiner Heimat, dem Gebiet, das ich kenne.
Vater: … du bist der grössere Patriot, als wir Eltern es zusammen sind …
Mutter: Aber auch für Linda ist das Glarnerland das Grösste, seit sie so weit weg ist. Sie sagt am Telefon regelmässig, jetzt wisse sie genau, wo ihre Wurzeln seien.

Fühlen Sie sich als Familie verpflichtet, für die Umwelt, für Ihre Heimat etwas zu tun?
Mutter: Auf jeden Fall. Schon mein ganzes Leben wohne ich auf dem Land und nehme diese Herrlichkeit fast schon als Selbstverständlichkeit hin. Dabei müssen wir uns doch dafür einsetzen, damit das erhalten bleiben kann.
Vater: Das entspricht auch meiner Grundphilosophie. Ich möchte, dass unsere Lebensgrundlagen für die künftigen Generationen bestehen bleiben, wenn nicht gar verbessert werden. Damit es auch in vielen Jahren noch weitergehen kann.
Sohn: Ich glaube nicht, dass es in so kurzer Zeit so viel schlimmer werden wird. Das ist doch Schwarzmalerei. Das Thema beschäftigt mich zwar, aber es interessiert mich nicht brennend. Vielleicht hat das aber auch mit meinem Alter zu tun und wird sich später noch ändern.

—

Rita (*1962) und *Urs Elmer* (*1959) leben mit ihren Kindern *David* (*1988) und *Linda* (*1991) in Glarus.
Linda reiste nach dem Fototermin für ein Schüleraustauschjahr in die Dominikanische Republik. Zum Zeitpunkt des Interviews war sie am anderen Ende der Welt.

—

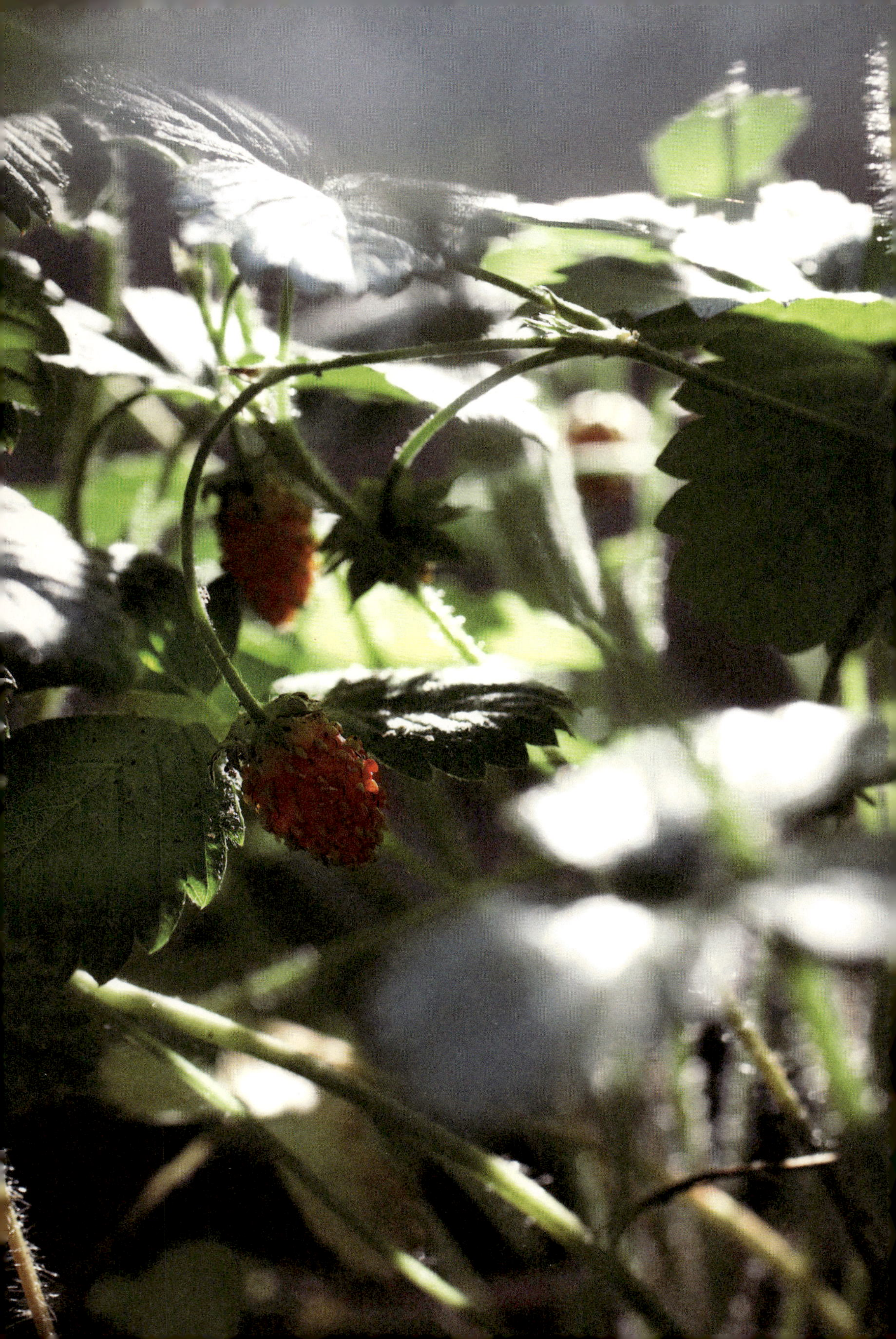

«Man muss Sorge tragen»
— —

—

«Hier hast du ein Erdbeerpflänzli und ein Stück Garten. Nun übernimmst du Verantwortung», beschied der Vater, als das Mädchen acht Jahre alt wurde. Es nahm es sich zu Herzen. Sorge zu tragen, ist seither das Lebensmotto der heute 75-Jährigen. Die Frau, die wir hier bei ihrem zweiten Vornamen Alice nennen, hat sich vor Jahren entschieden, die Vergangenheit ruhen zu lassen, sich nicht länger belasten zu lassen von den Erinnerungen an ihre unglückliche Kindheit und eine schwierige Ehe.

Alice ist eine rüstige, vitale Frau mit wachem Blick. Aufgewachsen ist sie mit zwei Geschwistern am Stadtrand von Zürich. Ihre Mutter war Engländerin, die sich im Zürich der vierziger Jahre als Fremde fühlte und mit ihrer Sprache nicht auffallen wollte. «Schade eigentlich, ich wäre sonst bilingue aufgewachsen.» Dennoch wurde zu Hause die englische Kultur gepflegt, zum Beispiel mit der traditionellen «Tea time». Eines Tages sass zum Tee ein Gast im Wohnzimmer, dessen Erscheinung das Kind tief beeindruckte. Weshalb der Heilsarmee-Soldat eingeladen war, weiss sie nicht mehr, aber ihre Mutter habe die aus England stammende «Salvation Army» stets hoch geschätzt. Für Weihnachten habe sie stets einen «Batzen» für Menschen gespendet, denen es nicht so gut ging.

Alice ist elegant gekleidet und dezent geschminkt. Sie sitzt mit geradem Rücken auf ihrem Lieblingsstuhl und schaut verschmitzt über den Brillenrand. Eine Frau, die Zufriedenheit und Freude ausstrahlt, obwohl es in ihrem Leben nicht nur glückliche Momente gab. Auch als verheiratete Frau hat sie immer gearbeitet, die Einkünfte aus der künstlerischen Tätigkeit ihres Mannes reichten nicht zum Leben. Sie begann als Sekretärin in einer privaten psychiatrischen Klinik für Frauen, doch ihre Aufgaben wuchsen rasch über die reinen Sekretariatsarbeiten hinaus. Sie merkte schnell, dass ihre wahre Begabung auf einem anderen Gebiet lag. Sie wurde mehr und mehr zur einfühlsamen Trösterin und machte es sich zur Lebensaufgabe, ein offenes Ohr für Patientinnen, Familienangehörige oder das Pflegepersonal zu haben. «Täglich begegnete mir so viel menschliches und seelisches Leid, da brauchte es jemanden, der gut zuhören und gut zureden konnte.» Während dreissig Jahren hat sie diese Aufgabe in psychiatrischen Kliniken ausgeführt, und in dieser Zeit sei etwas ganz Entscheidendes mit ihr geschehen. «Etwas ist mit mir passiert, etwas Wichtiges», betont sie und lässt kurz die Stille wirken, bevor sie weiterspricht. «Ich hatte festgestellt, dass mir ein Inhalt fehlt.» Diesem Etwas sei sie neugierig nachgegangen, habe beobachtet, geprüft und sei zum Schluss gekommen, dass nicht nur Menschen in ihrer Umgebung, sondern auch berühmte, intellektuelle Menschen etwas haben, was sie nicht hatte. Den Glauben an Gott.

Wissbegierig habe sie zum ersten Mal bewusst eine Bibel zur Hand genommen. Sehr zu ihrer Enttäuschung musste sie feststellen, dass sie vieles nicht verstand. Erst später erfuhr sie von neueren Übersetzungen, die leichter zugänglich sind. Hilfreich war auch ein Bibelkurs. Nach der Bibelgeschichte widmete sie sich dem Neuen Testament und erfuhr dabei die Sinngebung, Christ zu sein in Tod, Auferstehung und Erlösung.

Sie hätte ihre Erkenntnisse gerne mit ihrem Mann geteilt, aber er war ein Freigeist. Er liess sie gewähren, aber es interessierte ihn nicht.

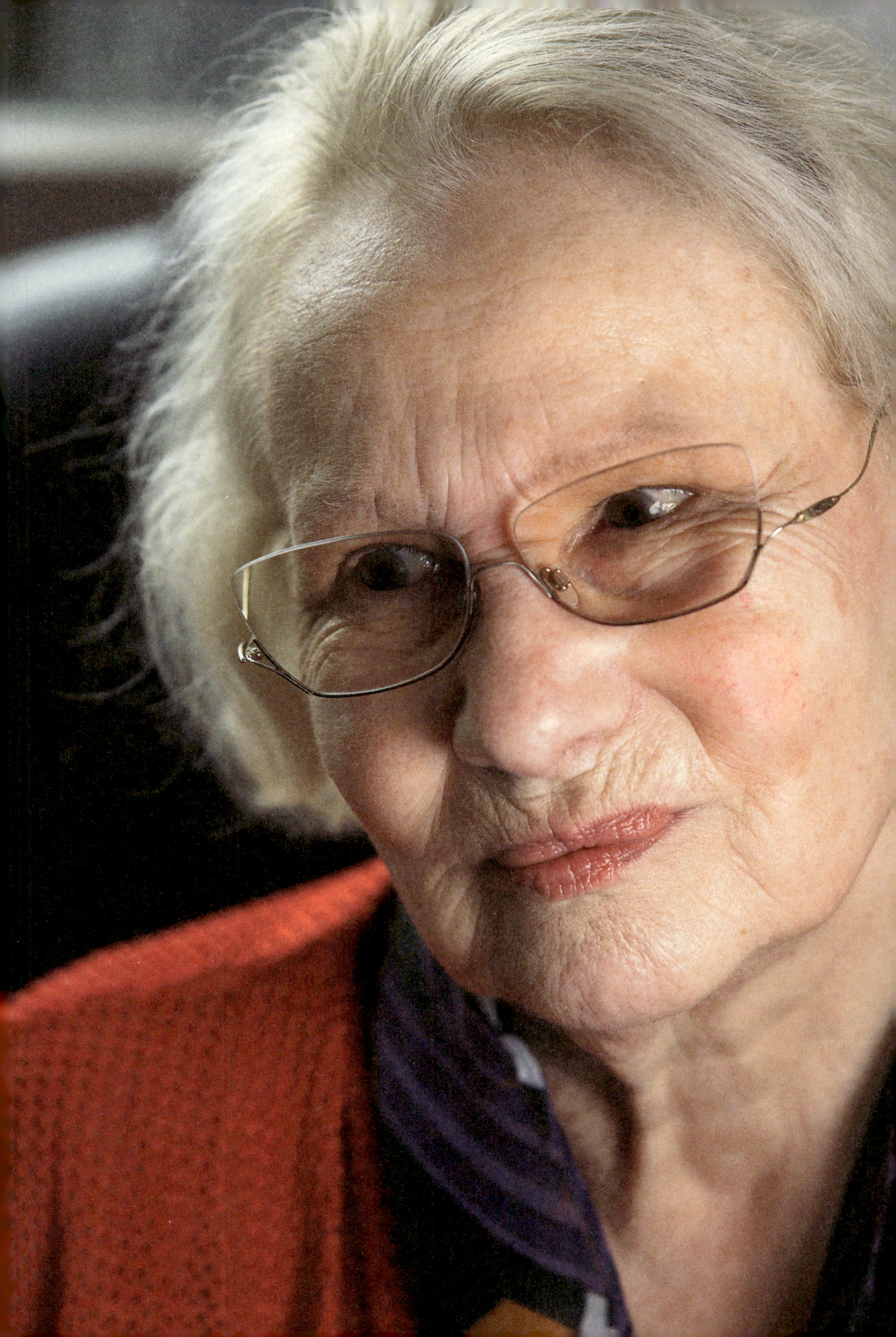

«Die Bibel ist die Bibel. Gotteswort ist Gotteswort. Es versuchen sich viele daran, aber viele geben auf, weil es ihnen zu kompliziert ist. Es ist nicht einfach, sich länger mit etwas zu befassen, vor allem in der heutigen schnellen Zeit.» Als eine ihrer Freundinnen an Krebs erkrankte, fiel ihr auf, wie schwer es jemand hat, der nicht gläubig ist. «Wenn jemand nicht beten kann, was tut er oder sie dann in einer solchen Situation?»

Im Laufe der Zeit rückten ihre eigene Welt und die Welt des Glaubens immer näher zusammen. Sie enthielten dieselben Werte. Nicht nur an sich selbst zu denken, sondern auch an die Mitmenschen, an die Natur, an die Schöpfung. Bildlich gesprochen: «Der Glaube ist ein Fundament. Nicht auf Sand will ich stehen, sondern auf einem Felsen.» – «Es ist im Übrigen einfacher, alt zu werden, wenn man einen Glauben hat, das ist meine Erfahrung, mein Erleben, das ist meine Überzeugung. Aber das muss jeder für sich entscheiden. Der Glaube ist eine leitende, sinnstiftende Kraft, die mein Leben ganzheitlich prägt.» Alice sammelt Bibelübersetzungen und findet es hochspannend, wie sich die Gewichtung der Aussage in denselben Abschnitten je nach Übersetzung verschieben kann.

Trotz ihres Rückenleidens, das sie behindert und langsam macht, gestaltet sie ihren Alltag aktiv. «Ich will nicht in einer Ecke sitzen und warten.» Als ihr Mann noch lebte, habe sie für wenig Zeit gehabt. Erst nach seinem Tod fand sie Freundinnen, mit denen sie viel unternimmt, Ausstellungen und Konzerte besucht. Sie liebt vor allem Vivaldi, Händel, Mozart, Dvořák. Aber auch rhythmisches wie Latin Pop. «Ich bin aufgeschlossen, man muss im Leben immer neues ausprobieren.»

Mit sechzig Jahren machte Alice sich erste Gedanken zu ihrem Testament. «Ich habe selber von meinen Eltern geerbt, und da ich keine Kinder habe, war es einleuchtend, dass ich etwas für andere tun wollte.» Sie informierte sich, was zu tun sei: «handschriftlich verfasst, Ort, Datum und Unterschrift, eigentlich ziemlich einfach.» Es war dennoch ein langer Weg, und es blieb nicht beim ersten Testament. «Ich habe mich von Anfang an entschieden, die Heilsarmee zu bedenken. Mit jeder neuen Fassung ist die Organisation besser weggekommen», stellt sie lachend fest. Dass der Inhalt des Testamentes mit ihrem Glauben übereinstimme, sei ihr wichtig. «Zu der Heilsarmee kann kommen, wer will. Sie fragen nicht, woher jemand kommt, sie nehmen alle auf. Die Heilsarmee ist tolerant, das entspricht mir.» Allerdings frage sie sich immer wieder, ob sie nicht jemanden übergangen habe und ob alles gerecht sei.

Ihren Garten aus der Kindheit pflegt sie heute auf ihrem kleinen Balkon weiter, mit Blick auf Wiesen und Apfelbäume. Eine ländliche Aussicht, wie man sie am Stadtrand nicht erwartet hätte. Die Blumen blühen üppig in vielen sorgfältig gepflegten Töpfen. «Ich stehe auf meinem Balkon und freue mich an den Spatzen, die sich im Vogelbad bespritzen, grabe ein bisschen in den Töpfen und freue mich über jede Blume, die neu erblüht. Sorge tragen zur Schöpfung, das ist mein Lebensmotto.»

—

Alice (*1932) lebt in Zürich.

—

à Ernst B. avec l'amitié d'   Henri C-B

Ernst Beyeler

**«Geld ermöglicht,
Institutionen und gute Werke
am Leben zu erhalten»**

Seit über sechzig Jahren ist das Basler Altstadthaus an der Bäumleingasse Ort des Schaffens und Wirkens von Ernst Beyeler. Der Eingang in der ruhigen Gasse ist erstaunlich unauffällig. Wenig verrät, dass hinter diesen Mauern seit Jahrzehnten Kunst gefördert, präsentiert und gehandelt wird. Die steile Holztreppe mit den leicht abgetretenen Stufen führt in den zweiten Stock. Dort, am Ende eines schmalen, verwinkelten Ganges befindet sich das Büro von Ernst Beyeler. Seit eh und je. Hunderte auf dem Boden und in einem niedrigen Buchgestell dicht eingereihte Kunstbücher säumen eine ganze Wand des kleinen, eher dunklen Raumes. Zwei alte Ledersessel, Staffeleien, ein kleiner Holzofen, Werke seiner Lieblingsmaler und persönlich signierte Fotografien mit Porträts von Künstlern wie Giacometti und Picasso zieren die Wände. Auf dem langen Holztisch, der ihm als Arbeitstisch dient, stapeln sich Bücher und Papiere, die nur eine kleine Fläche für Stifte und Rechenmaschine frei lassen. Wie aus einer anderen Zeit blicken vom Rand des Tisches und vom Fensterbrett antike Tonfiguren, Schulter an Schulter aufgereiht, auf die kreative Unordnung hinunter. Sie erzählen Geschichten aus fernen exotischen Ländern, zeugen von jahrhundertealten Traditionen und vermitteln einem das Gefühl, die Zeit sei in diesem Raum auf magische Weise stehen geblieben.

Herr Beyeler, Sie haben Künstler wie Pablo Picasso, Henry Moore, Francis Bacon, Alberto Giacometti, Jean Dubuffet oder Mark Rothko persönlich gekannt. Grosse Künstler, die bereits verstorben sind. Was löst diese Vergänglichkeit in Ihnen aus?
Ich bin jetzt 86, und viele Menschen, die mir im Leben etwas bedeutet haben, leben nicht mehr. Nicht nur Künstler, auch treue Freunde und Angehörige. Von meinen fünf Geschwistern leben zwei Schwestern noch. Ich traure um alle Menschen, die mir nahestanden und nicht mehr da sind. Es bleibt mir allerdings nichts anderes übrig, als mich damit abzufinden. Aber ich weiss zu schätzen, was wir zusammen gehabt und erlebt haben. Ich akzeptiere das Leben und bin mir bewusst, dass alles irgendwann vorüber ist. Wenn ich also heute vor einem Kunstwerk stehe, ist die Tatsache, dass der Künstler nicht mehr unter uns ist, etwas Normales, Schicksalhaftes. Für mich sind verstorbene Künstler ohnehin immer anwesend. Sie leben dank ihrer Kunst weiter. Bester Beweis dafür sind die Besucherinnen und Besucher in den Museen, die sich dort jeden Tag aufs Neue an deren Werken erfreuen. Dabei denkt keiner an den Tod. Das Leben ist ein Kreislauf. Man ist eine Zeitlang da und versucht, das Beste daraus zu machen. Eigentlich muss sich jeder darauf vorbereiten, dass es eines Tages vorbei ist. Ich selber bin dankbar, so viel erlebt zu haben, am Leben und Wirken vieler Künstler und Künstlerinnen teilgenommen zu haben. Mittlerweile bin ich auch dankbar für jeden Tag, an dem ich noch bin. Dankbar für jeden Tag, an dem ich noch gehen, mich bewegen und auch noch ein wenig arbeiten kann.

Was bedeutet Ihnen Geld, was ermöglicht Geld?
Geld bedeutet Freiheit und Möglichkeiten. Und es bedeutet, Institutionen und gute Werke am Leben zu erhalten. Gerade Letzteres ist heute meine wichtigste Intention.

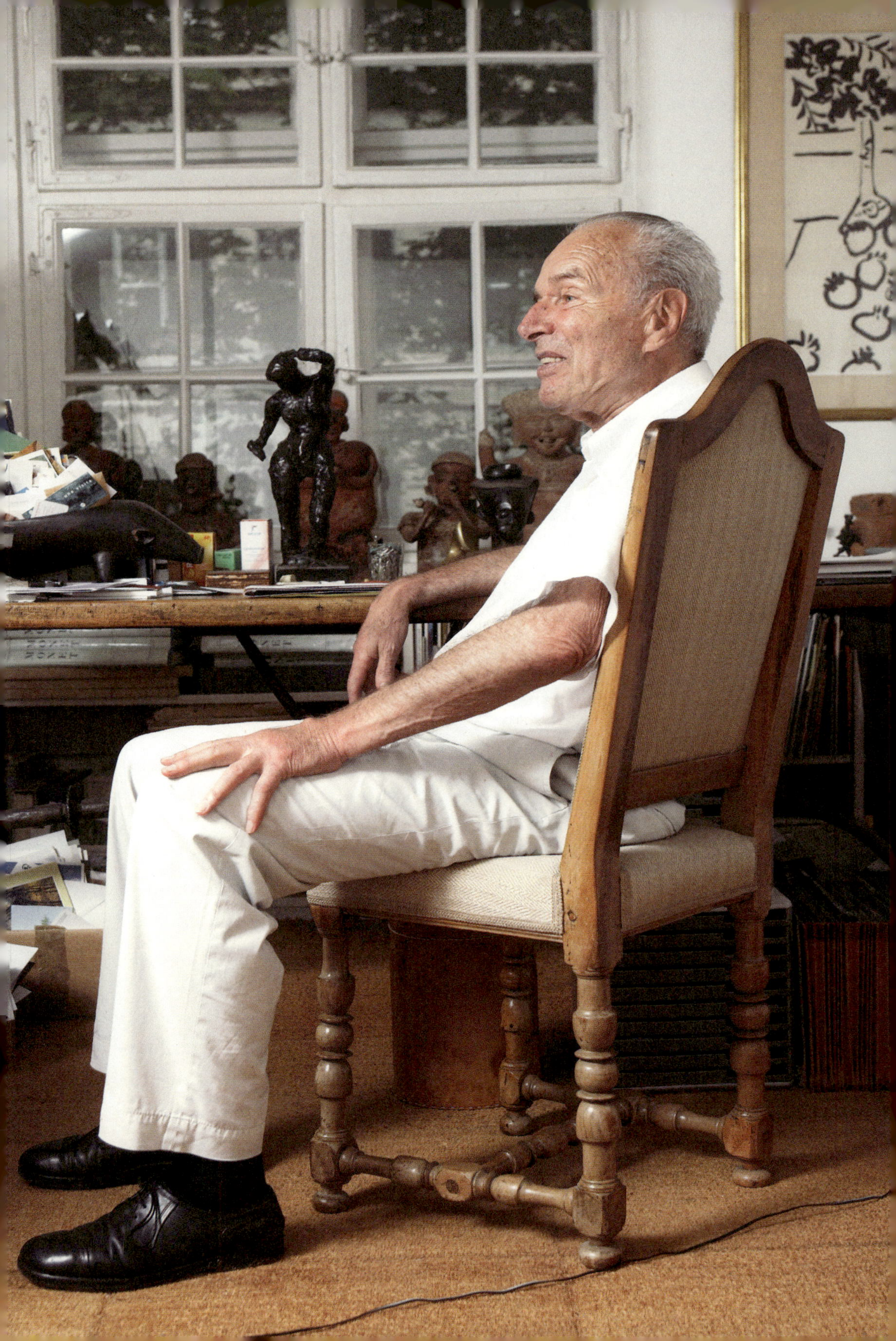

2001 haben Sie eine Stiftung gegründet, die Organisationen unterstützt, welche sich für den Urwald einsetzen. Was waren damals Ihre Gründe?
Das Schicksal und die Bedrohung des Urwalds beschäftigt mich, seit ich zurückdenken kann. Vermutlich ist es der Mythos des Unbekannten und die eminent wichtige Bedeutung des Urwalds für die Welt, die mich beeinflusst haben. Nach der Christo-Ausstellung *Magie der Bäume* in der Fondation Beyeler in Riehen habe ich entschieden, mich mehr zu engagieren und meinen Teil zur Rettung des Urwalds beizutragen. Ich wollte ein Beispiel statuieren, andere Leute motivieren und sie an ihre Verantwortung erinnern. Leider sind mir nicht viele gefolgt. Die Menschen spenden häufig lieber für ihre eigenen Zwecke. Trotzdem hat die Stiftung schon massgeblich Urwaldprojekte unterstützt.

Haben Sie den Urwald selber erlebt?
Nein. Ich habe ihn immer aus der Distanz betrachtet. Jetzt ist es zu spät, ich reise nicht mehr viel. Ich habe in meinen jüngeren Jahren die Welt gesehen, oder zumindest einen grossen Teil davon. Meine heutigen Reisen beschränken sich auf den täglichen Gang in die Galerie und die Fondation in Riehen.

Was passiert mit der Stiftung «Kunst für den Tropenwald», wenn Sie eines Tages nicht mehr sind?
Ich hege die Hoffnung, dass die Stiftung von anderen Personen weitergeführt wird und ihren Zweck weiterhin erfüllen kann. Und ich stelle sicher, dass meine Spenden weitergehen. Da muss ich mich im Testament noch darum kümmern.

Ihre Stiftung unterstützt unter anderem den Bruno-Manser-Fonds. Sie haben Bruno Manser persönlich gekannt. Hatten diese Begegnungen eine Auswirkung auf Ihre Entscheidung, seine Arbeit zu unterstützen?
Ich war sehr beeindruckt von seinem Mut, seinem Einsatz. Bruno Manser war etwas ganz Besonderes, ein Pionier. Er hat mich manch-

mal in meinem Büro besucht und bildhaft von seinem Leben im Urwald erzählt. Eigentlich kenne ich die Projekte nur aus seinen Beschreibungen. Aber das reicht mir.

Die Basler sind bekanntlich grosszügige Mäzene. Woher kommt diese Bereitschaft zu teilen?
Es liegt in unserer Tradition. Es gehört zum guten Ton.

Kennen Sie Testamente, die in Basel Gutes ermöglicht haben?
Die Basler in meinem Umfeld sind sehr zurückhaltend, über Testamente wird kaum offen geredet. Meistens erfährt man erst hinterher den Inhalt eines Testaments, wenn zum Vorschein kommt, was es bewirkt hat. Ich weiss von einzelnen Testamenten, die kulturelle Institutionen, aber auch Hilfswerke am Leben erhalten haben.

Sie sind einer der bedeutendsten Kunsthändler der Welt. Mit Ihrer persönlichen Sammlung und der Fondation Beyeler haben Sie sich zu Lebzeiten ein Denkmal gesetzt. Was hinterlassen Sie ausserdem, wenn Sie eines Tages nicht mehr da sind?
Das Bild und die Erinnerung an einen Mann, der sich für die Kunst und für den Urwald engagiert hat.

—

Ernst Beyeler (*1921) lebt in Riehen.

—

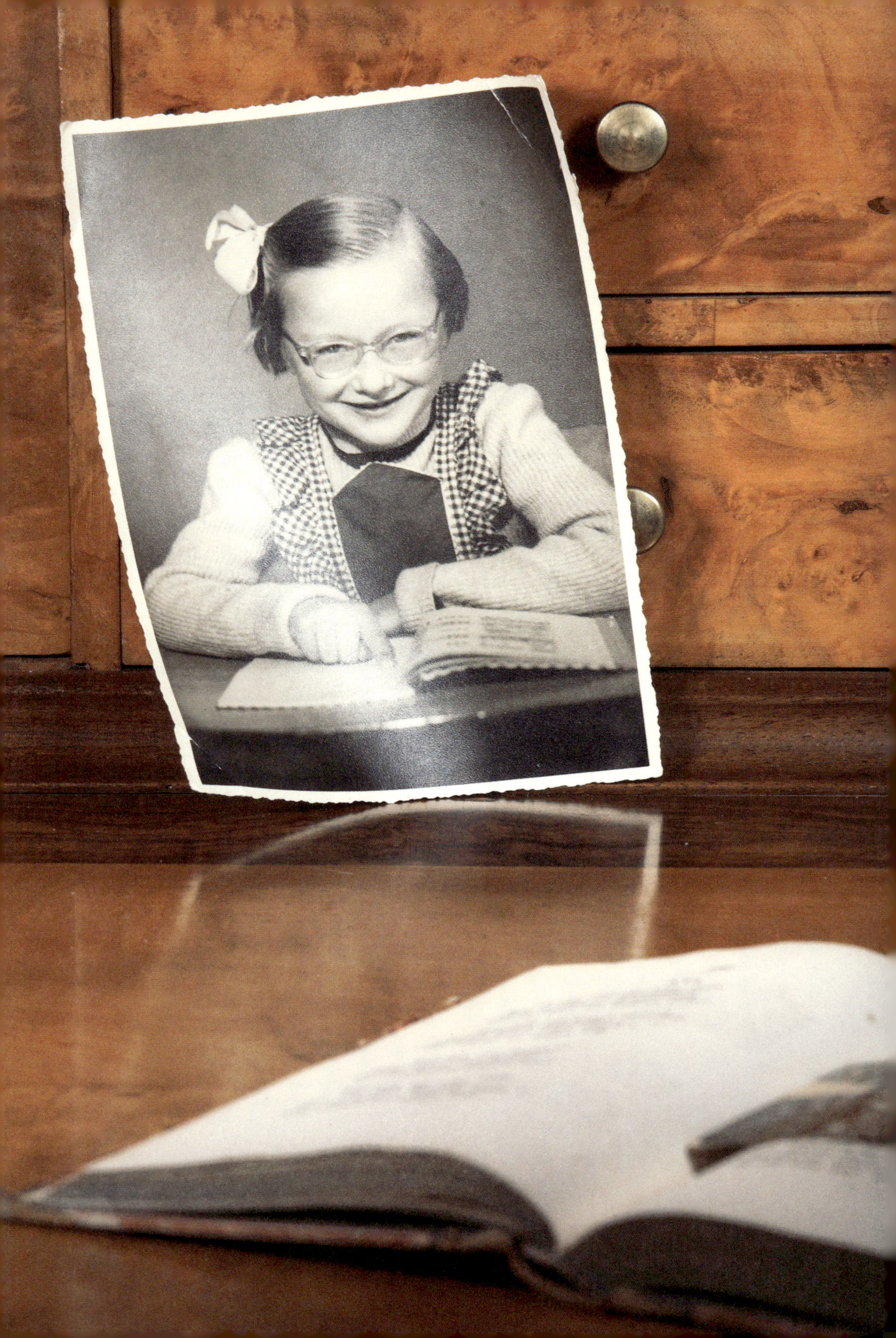

**«Ich habe keine Kinder,
keinen Ehemann
und keine grosse Hypothek»**
— —

—

«Ich zähle zu jener Mittelschicht, für die es selbstverständlich ist, sich sozial zu engagieren. Aus meiner Biografie, meinen zahlreichen Reisen und Aufenthalten in schwierigen Ländern sowie meinem Interesse für Entwicklungspsychologie und für menschliches Verhalten in Extremsituationen, kam für mich die Terre des hommes-Kinderhilfe mit Projekten in armen Ländern in Frage.

Meine ersten Lebenserfahrungen erhellen diese Wahl. Drei Wochen vor meiner Geburt wurden meine Eltern geschieden und ich zu meinen Taufpaten gegeben, dem Onkel meines hochmusikalischen Vaters und seiner Frau, die mich später adoptierten. Nach dem grössten Glück in meinem Leben gefragt, lautet meine Antwort, dass ich adoptiert wurde. Mir fehlt zwar das Urvertrauen, das ein Mensch mitbekommt, der bei seiner leiblichen Mutter aufwächst, aber ich habe das grösstmögliche Glück erfahren und eine äusserst behütete Kindheit erlebt. Meine Adoptiveltern waren sehr sozial eingestellt, und obwohl sie begütert waren, lebten sie bescheiden. Für das Musische interessierte sich der Adoptivvater nicht, doch wenn ich Wünsche äusserte, ermöglichte er sie mir. Ich konnte mir Bücher kaufen,

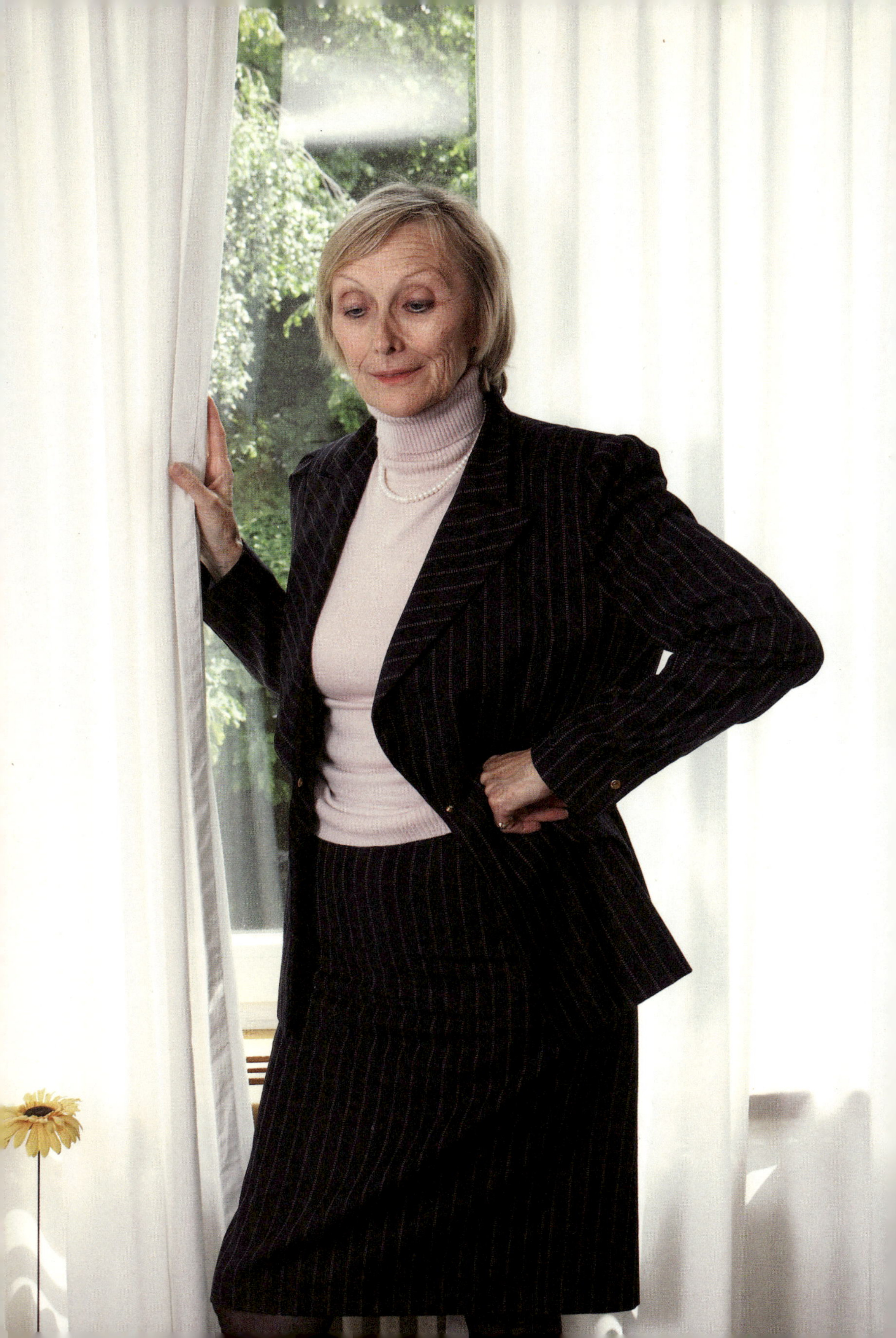

durfte Klavierunterricht nehmen und schon als junges Mädchen häufig die Oper besuchen. Mit zwölf deklarierte Kätherle, sie wolle später beruflich etwas mit Büchern machen.

Schon immer interessierten mich Schriftsteller, die sich in die Psyche des Menschen gruben und seine Entwicklungsmöglichkeiten aufzeigten, beispielsweise Dostojewski, Balzac, Gotthelfs Figur Meyeli in *Anne Bäbi Jowäger* oder Caroline Eliacheffs – die Psychoanalytikerin von Kleinkindern – *Das Kind, das eine Katze sein wollte*. Bis zwanzig war ich sehr verschlossen. Bücher waren meine Welt. Eigentlich wünschten meine Adoptiveltern, dass ich die Hotelfachschule in Lausanne besuche, aber ich war den schönen Künsten zugetan. So ging ich nach der Wirtschaftsmittelschule nach England, reiste viel herum, kehrte zurück und landete beim Auktionshaus und Kunstbuchverlag Kornfeld. Dort bildete ich mich zur Verlagsbuchhändlerin aus, arbeitete anschliessend im Atlantis Verlag und war später verantwortlich für die Sachbuchreihe von Reader's Digest. Meine Ausbildungs- und Arbeitsphasen im In- und Ausland waren von etlichen privaten Auslandaufenthalten unterbrochen, einmal Jugoslawien, dann Paris, später Südamerika, oft verbunden mit der Liebe zu einem Mann und manchmal auch mit einer Verlobung.

1986 suchte ein Kunstbuchverlag einen Verlagsleiter. Ich fragte, ob es auch eine Leiterin sein dürfe – und erhielt den Job. 1988 kam zu den Kunstbüchern die Weltwoche-Buchreihe dazu. Der Buchverlag wurde zu meinem Kind, da konnte ich meine Leidenschaften ausleben. Als er nach Basel verkauft wurde, zog ich nicht mit, sondern kündigte. Ich konnte mir das erlauben, ich habe keine Kinder, keinen Ehemann, keine grosse Hypothek. Danach überlegte ich mir, mich an einem anderen Verlag zu beteiligen, in Amerika Kunstgeschichte zu studieren und vieles andere mehr. Ich liess mir Zeit, das Richtige zu finden.

2002 suchte Terre des hommes-Kinderhilfe jemanden, der sich um
Erbschaften kümmert. Die Organisation war mir schon lange auf-
gefallen und kreiste in meinem Kopf – auch aufgrund meiner eigenen
komplizierten Geschichte. Es war mir schon früh klar, dass ich mich
einmal für die Belange von Kindern einsetzen wollte, und so kam
die Stelle bei Terre des hommes gerade recht. In Erbschaften hatte ich
einige Erfahrung. Als ich dreissig war, starb mein Adoptivvater.
Er hatte mich zu seiner Willensvollstreckerin ernannt. Drei Anwälte
waren involviert. Der erste hatte beim Aufsetzen des Testamentes
inhaltliche Fehler zugelassen, weshalb ich zwei Anwälte beiziehen
musste; die Abwicklung zog sich über drei Jahre hin. Bald schon
kannte ich das Erbrecht in- und auswendig.

Ich bin keine grosse Optimistin was die Weltlage anbelangt, aber ich
glaube, dass es unsere Aufgabe ist, für sich selbst und andere zu
wirken. Es ist meine Überzeugung, dass man bei Kindern ansetzen
sollte, denn bei ihnen lassen sich Entwicklungen noch ins Positive
wenden. Kinder haben Rechte, und Terre des hommes setzt sich für
zehn Grundrechte wie beispielsweise Schutz vor Gewalt oder Recht
auf Bildung ein. Sicher gilt mein Engagement auch als Dank an meine
Adoptiveltern.

Ein guter Teil meines Vermögens wird als Vermächtnis an Terre des
hommes gehen. Ich habe mich dafür entschieden, weil ich nicht
möchte, dass Aussenstehende Einblick in mein Testament nehmen
können. Der Entscheid, mit meinem Geld etwas Wohltätiges zu
tun, ist schon lange gefallen. Ich bin nicht da, um die Welt zu verän-
dern, aber ich glaube, jeder müsste mindestens die zehn Prozent ab-
geben, von denen bereits in der Bibel die Rede ist.

Der Tod ist die einzige Gewissheit, die wir haben, und das Testament
ist die letzte Möglichkeit, Bilanz zu ziehen und zu überlegen, worauf
man Gewicht legen möchte und welche Menschen einem wirklich
nahestehen. Mein erstes Testament habe ich mit dreissig geschrieben
und seither oft abgeändert. Vermutlich liegt auch jetzt noch nicht

die endgültige Version vor. Zum Beispiel ist der Nacherbe nach dem Tode meines Lebenspartners für meine Lieblingsplastik *Tor zum Erwachen* noch nicht bestimmt. Doch es ist für mich beruhigend zu wissen, dass ich mit dem Flugzeug abstürzen könnte und das meiste bereits gut geregelt ist.

Geld war für mich nie zentral. Ich bin in der glücklichen Lage, dass mir immer genügend zur Verfügung stand, um ohne Sorgen leben zu können. Ich brauche keine Ferienwohnung, keinen Porsche und lebe in einer Mietwohnung. Prestige sättigt die Seele nicht. Die Unabhängigkeit, die mir das Geld verleiht, ist mir sehr wichtig. Sie ermöglichte zudem viele Reisen und berufliche Aufgaben, die mich erfüllten.

Ich habe alles nach meinen Prioritäten geregelt. Das Vermächtnis an Terre des hommes hat noch eine andere angenehme Seite; ich werde für niemanden zur Erbtante, und die Kinder müssen mir keine Dankbarkeit zeigen. Eigentlich wollte ich heiraten und eine eigene Familie gründen. Dass es anders kam, ist unwichtig geworden und schmerzt mich nicht. Ich habe andere sinnvolle Aufgaben erhalten. Ich hätte eigenen Kindern die gewünschte Ausbildung finanziert, aber der Rest wäre ebenso an ein Hilfswerk gegangen. Wirkliche Armut herrscht in vielen Ländern, und man kann mit wenig viel bewirken. Es ist befriedigend zu wissen, dass man mithilft, das Schicksal von Kindern zu ändern: Ein Kind, das mangelhaft ernährt ist, richtig ernährt zu wissen, ein Kind, das auf der Strasse haust, wieder in Familie und Schule zu integrieren. In einer Biografie über Puccini las ich das Zitat ‹Über allem die Menschlichkeit›. Ich setzte es über die Todesanzeige der Mutter, die mir mein Schicksal glücklicherweise zugedacht hatte.»

—

Katharina Pfäffli (*1947) lebt in Zürich.

—

auf dem Geländer

**«Kontrolle ist gut,
Vertrauen ist besser»**
— —

—

Dieter Kraft: Wie wir zwei uns kennen gelernt haben? Sicher ist, dass wir ohne meine Schwiegermutter heute nicht zusammen wären. Sie hat mich quasi an ihre Tochter verkauft.

Ingrid Kraft: Meine Mutter war eine extravagante Frau mit wilden, roten Haaren. Sie musste immer alles anders entscheiden als die anderen. Für meinen Vater kam ein Nichtakademiker überhaupt nicht in Frage. Meine Mutter aber fand Dieter perfekt.

Dieter Kraft: Damals, 1972, war ich in einer ziemlich misslichen Lage. Beruflich knorzte es, ich wusste nicht, wie weiter, war ein Aussenseiter, wünschte mir aber, seit ich 16 war, eine Familie. Das war für mich das höhere Ziel, als beruflich erfolgreich zu sein. Ich hatte eine unendliche Sehnsucht nach einer harmonischen Familie, wohl auch deshalb, weil ich das zu Hause nicht erlebt hatte. Meine Mutter hatte Mühe, sich um uns vier Kinder zu kümmern, sie war häufig krank. Und mein Vater war ganz mit seiner Anwaltskanzlei beschäftigt. Weil es mir damals nicht gelang, Leute kennen zu lernen, veröffentlichte ich meinen Steckbrief in einem Partnervermittlungsheftchen.

Ingrid Kraft: Ich staunte nicht schlecht, als ich einen Anruf bekam. Meine Freundinnen hatten mich ohne mein Wissen bei dieser Vermittlung angemeldet.

Dieter Kraft: Gott sei Dank. Denn als ich ihre Stimme am Telefon hörte, war klar: Das ist meine Frau. Ich wusste genau, was ich zu tun hatte. Weil ich kein Geld hatte, um anständige Klamotten zu kaufen, rief ich eine Bekannte an, die mir einen Kredit gab.

Ingrid Kraft: Zu Beginn habe ich mir überhaupt nichts dabei gedacht.

Dieter Kraft: Für mich war der Eindruck ihrer Stimme so stark, dass mich bei unserem ersten Treffen auch ihr grüner Angorapulli, das kurze weisse Lederjäckchen und die feuerroten, schlecht geschnittenen Haare nicht erschüttern konnten. Ich hatte eine feine Bauernbeiz in einem Naturschutzgebiet ausgesucht. Mit Rücksicht auf mein bescheidenes Budget las ich die Karte von hinten und entschied mich für zwei Spiegeleier.

Ingrid Kraft: Dabei war Wildzeit! Also bestellte ich einen Rehrücken, den man nur für zwei Personen haben konnte, und dachte mir: Ich lade ihn ein. Mein Vater hatte mir schon früh beigebracht, dass selbst bezahlen nicht abhängig macht. Wie auch immer: Es war ein schöner Abend mit guten Gesprächen. Zwei Monate später stand ein Camion vor dem Haus und Dieter vor der Wohnungstür. Dann diktierte er den Zügelmännern, welche Möbel mitkommen durften und welche bleiben mussten.

Dieter Kraft: Seither wohnen, leben und arbeiten wir zusammen. Da ich keine glückliche Hand dafür habe, Aufträge an Land zu ziehen, übernahm das Ingrid.

Ingrid Kraft: Dieter hatte zum Beispiel keine Arbeitsmappe – als Fotograf unmöglich! Ich fand, er brauche unbedingt eine, und zwar eine, mit der er auffällt. Also legten wir auch eine Aktaufnahme

beim Federballspiel

von mir bei. Das war ein Reisser. Mit diesem Köfferchen gingen wir auf Tour. Ich sammelte die Requisiten …

Dieter Kraft: …und ich trug die schweren Koffer. Wir sind ein gutes Team.

Ingrid Kraft: Auch wenn ich stets Klartext spreche und Dieter nicht immer schone.

Dieter Kraft: Das Geheimnis einer guten Ehe ist eben, dass nicht beide gleichzeitig an Scheidung denken …

Ingrid Kraft: … und ein weiteres ist ein funktionierender Austausch.

Dieter Kraft: Ein Nachtessen dauert bei uns manchmal zwei Stunden. Ingrid hat eine sehr rasche Auffassungsgabe, ich brauche häufig mehr Zeit. Zudem haben wir manchmal zwei Arten, die Welt zu sehen.

Ingrid Kraft: Aber beide wünschten wir uns eine Familie. Als wir vor 27 Jahren unser Haus kauften, pflanzten wir als erstes einen Baum für ein Baby. Das Nest wäre gemacht gewesen. Aber das Baby kam nicht.

Dieter Kraft: Ankunftsverweigerung …

Ingrid Kraft: Ich dachte, ich müsse ein Kopftuch tragen, weil damals alle automatisch davon ausgingen, dass dies an der Frau liege. Dann aber liess ich mich untersuchen, und der Arzt kam zum Schluss, dass alles in Ordnung sei.

Dieter Kraft: Also ging ich zum Urologen, und der erinnerte mich an eine lang zurückliegende Operation, bei der offenbar etwas schiefgegangen war.

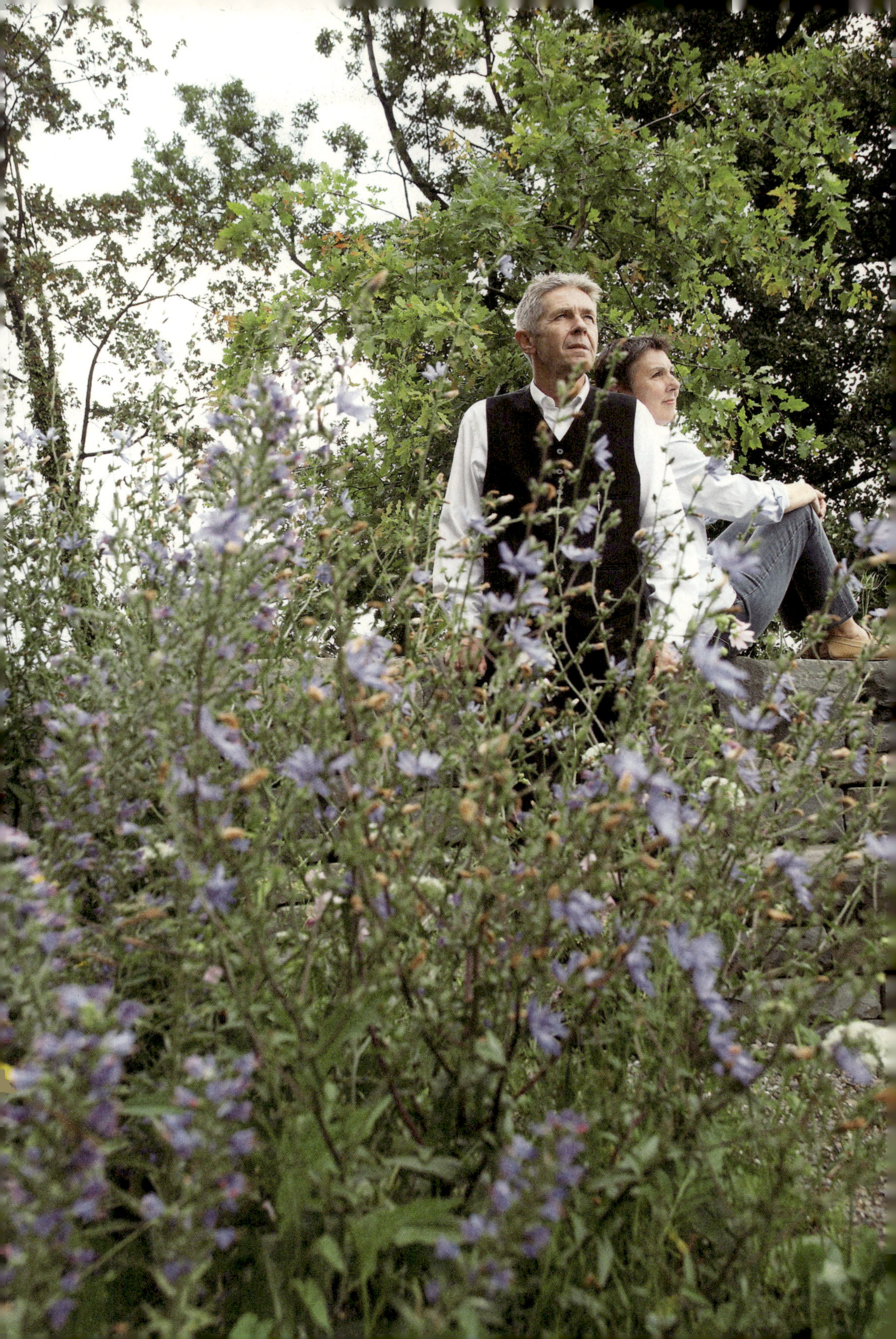

Ingrid Kraft: Mein Mann stellte mir alles frei: eine künstliche Befruchtung, eine Adoption und auch fremdzugehen. Ich ging in mich und fragte mich, was ich mit einem Kind eigentlich anfangen möchte. Da kamen mir meine Grossmütter in den Sinn, die mich bereits in frühen Jahren mit Kunst vertraut gemacht hatten und mit denen ich unzählige Kunstreisen unternommen hatte. Ich machte eine Zusatzausbildung in Pädagogik und eröffnete ein Malatelier für Kinder.

Dieter Kraft: Die Haltung meiner Frau ist mir viel wert. Und wenn ich sehe, was wir Menschen mit dieser Welt anstellen, weiss ich nicht, ob ich das einem Kind hätte zumuten wollen. Unsere Kinderlosigkeit führte dazu, dass wir uns Gedanken über unseren Besitz machten.

Ingrid Kraft: Zuerst haben wir uns überlegt, eine Stiftung für Kunst ins Leben zu rufen. Den Gedanken haben wir aber schnell wieder verworfen, weil es schon so viele gibt. Dann erkundigte ich mich bei unserer Bank, wie man ein Testament verfasst, aber der Berater konnte mir nicht helfen. So wandte ich mich an den WWF. Der Panda gehörte schon zu meiner Familie, als ich bei den Pfadfindern war, und Dieter und ich spenden seit Jahrzehnten.

Dieter Kraft: Schon als Bub hatte ich grosse Freude an der Natur. Ich merkte bald, dass die Natur etwas viel zu Wichtiges und Gewaltiges ist, als dass man nach freiem Ermessen darin herumfuhrwerken durfte. Das versuchen wir auch in unserem Garten zu leben. Hier verbringen wir jede freie Minute. Weit zu reisen, ist doch unnötig. Wofür vierzehn Stunden in einer Kiste sitzen, um Tiere zu besuchen, die vom Aussterben bedroht sind? Ein Steinmäuerchen zu bauen oder im Kräutergarten zu jäten, ist für mich viel schöner, als in einem Liegestuhl auf den Malediven ein deutsches Bier zu trinken.

Ingrid Kraft: Da ticken wir genau gleich, und aus all diesen Gründen haben wir uns entschieden, dass der WWF den grössten Teil unseres Vermögens bekommen wird.

Dieter Kraft: Wir sind zwar auch Mitglieder anderer gemeinnütziger Organisationen, doch nach unserem Tod soll ausschliesslich der WWF begünstigt werden. Es bringt doch nichts, dem WWF ein Tässchen zu vermachen, Greenpeace ein Untertässchen und einem Kinderheim ein Löffelchen. Wir wollen, dass unser Geld wirklich etwas bewirken kann und setzen deshalb auf eine Organisation.

Ingrid Kraft: Es sollte eine Organisation sein, die es schon lange gibt, die es noch lange geben wird und die ganzheitlich handelt. Der WWF kümmert sich nicht nur um Tiere, sondern beispielsweise auch um Klimafragen. Das gefällt uns. Der WWF-Berater riet uns, dass wir beide ein Testament aufsetzen. Das haben wir vor fünf Jahren getan. Auch die Nachlassverwaltung soll beim WWF liegen, der Verkauf unserer Bilder, der Kunst, des Hauses.

Dieter Kraft: Wir haben schon einige Wohnungsräumungen erlebt, das war furchtbar. Wünsche und Gedanken von Verstorbenen werden oft missachtet. Wir wollen, dass es würdevoll vonstattengeht. Unser Geld wird nicht zweckgebunden sein. Wir wissen ja nicht, welche Fragen zum Zeitpunkt unseres Todes aktuell sein werden. Bestimmen wir, dass mit unserem Geld Tannen versetzt werden müssen, bringt das vielleicht gar nichts. Unter Umständen ist es viel wichtiger, Al Gore für einen Vortrag in die Schweiz zu holen. Wir haben Vertrauen, dass unser Geld gut eingesetzt wird – ganz nach unserem Lebensmotto: Kontrolle ist gut, Vertrauen ist besser.

Ingrid Kraft: Ich weiss, dass unser Geld in guten Händen sein wird. Und falls nicht, donnere ich von oben runter.
—
Ingrid (*1949) und *Dieter Kraft* (*1944) leben in Fällanden bei Zürich.
—

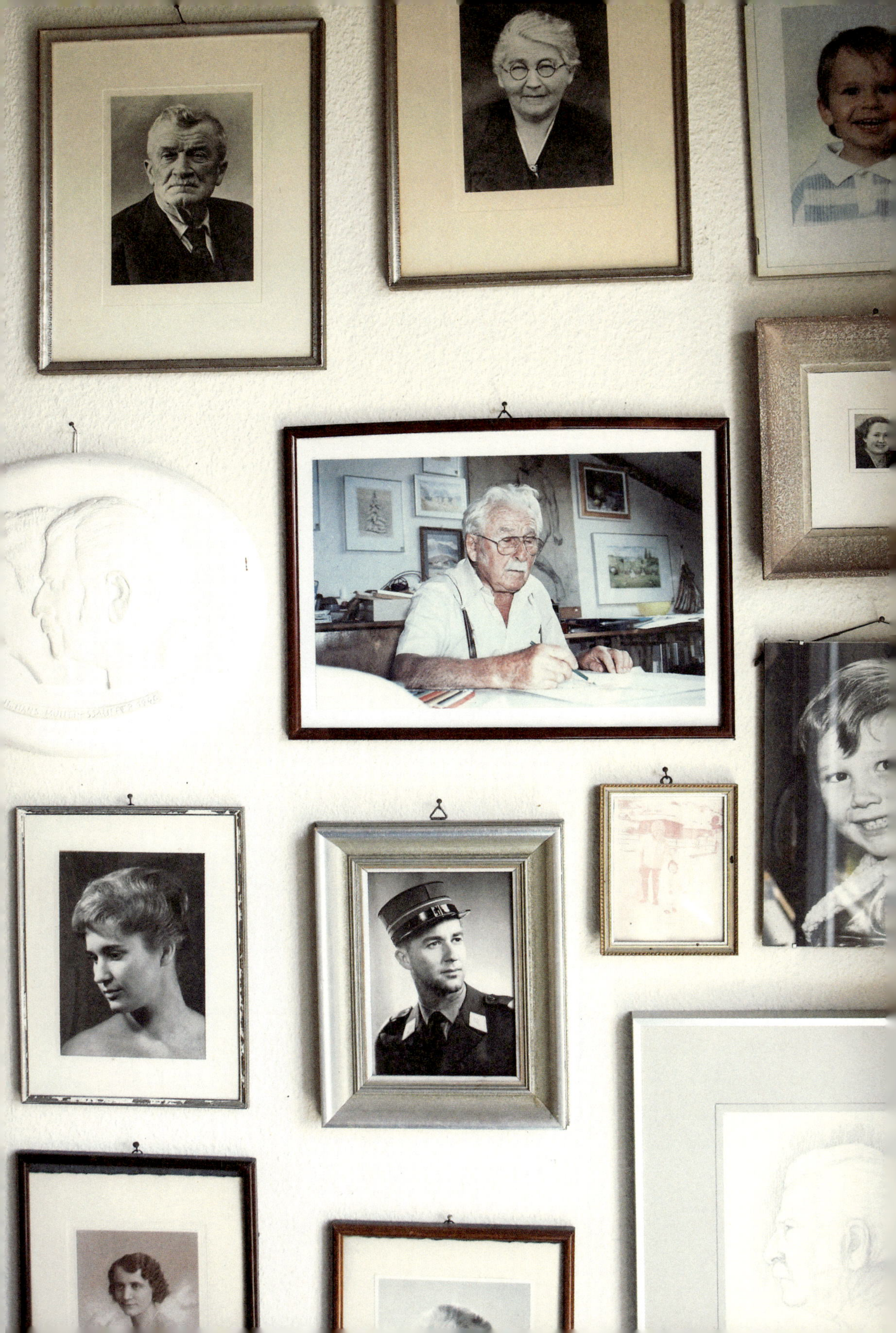

**«Wenn jemand Hilfe brauchte,
war er da»**

— —

—

Ledig reiste sie ab, verlobt kehrte sie heim. Gemeinsam hatten sie sich auf eine Carfahrt in den Nahen Osten gemacht, sie war 54, er 74. In der Geburtskirche zu Bethlehem schaute er tief in ihre Augen, hielt um ihre Hand an, und sie sagte ohne Umschweife Ja. Nach der kirchlichen Trauung im heimatlichen Täuffelen und dem Festessen im kleinen Kreise hielt sie auf der Rückseite ihres Tischkärtchens fest: «Mein grösster Glückstag.»

In den Jahren zuvor hatte er jede günstige Gelegenheit genutzt, um sie anzusprechen. Beide waren aktive Mitglieder des Samaritervereins Biel-Stadt – Hans Müller bereits seit einem halben Jahrhundert, Edith Müller seit dem Tod ihrer Eltern, die sie bis zum letzten Tag gepflegt hatte. An einem Vereinsanlass forderte er sie schliesslich zum Tanz auf, und bald darauf sass sie zum ersten Mal in seinem Wohnzimmer in Mörigen, liess den Blick über den Bielersee gleiten, an dessen Ufer das Grundstück endet, und blieb auch dann noch auf dem Diwan sitzen, als er Tee aufgoss und Kekse in einer Schale arrangierte. «Ich hatte im Knigge gelesen, dass man Fremden nicht in die Küche schaut.» In der Folge rief er regelmässig an, sie planten Wanderungen, waren bald schon jeden Sonntag zusammen unterwegs, verbrachten Weihnachten gemeinsam, reisten auf die kanarischen Inseln – und Ostern 1981 nach Israel. Vorerst wollte sie ihre Wohnung behalten, und es fiel ihr nicht leicht, nach 36 Jahren als Uhrenarbeiterin bei Omega aufzuhören. «Wenn das nur gut geht», sei ihr oft durch den Kopf gegangen. «Schliesslich war Hans der erste Mann in meinem Leben.»

Sie beschreibt ihn als «Tausendsassa, Gesellschaftsmensch und Künstler». 1907 in Biel geboren, wollte er eigentlich Kunstmaler werden, doch seine Eltern fanden, dass er einen «richtigen» Beruf erlernen solle. Um dennoch mit Farben zu tun zu haben, entschied sich Hans Müller für eine Malerlehre. Das Leben als Angestellter befriedigte ihn aber bald nicht mehr. 25-jährig und mitten in der Krisenzeit nahm er einen Kredit auf, kaufte eine Parzelle in Nidau und baute ein Haus mit Werkstatt und Wohnung. Kurz darauf heiratete er, ein Sohn und eine Tochter kamen zur Welt, das Geschäft florierte. Nachdem das Ehepaar 1962 das neu gebaute Heim in Mörigen bezogen hatte, übergab Hans Müller den Betrieb seinem Sohn, um sich vermehrt seinen Hobbys zu widmen: dem Malen, Bergsteigen, Wandern – und vor allem seinem Bedürfnis, Mitmenschen zu helfen.

«Wenn jemand Hilfe brauchte, war er da», sagt Edith Müller. Schon in jungen Jahren kaufte er für einen zerebral gelähmten Buben einen Webstuhl, er half während seiner 73-jährigen Mitgliedschaft beim Schweizerischen Alpen-Club viele Male beim Hüttenputzen, war im Behindertensport engagiert, ging mit körperlich Behinderten schwimmen und in die Ferien, lud sie in seinen Garten und zum Essen ein. Bis heute, zwei Jahre nach seinem Tod, erreichen Edith Müller unzählige, noch immer an ihren Mann adressierte Bettelbriefe. Nie hatte er es übers Herz gebracht, die Schreiben fortzuwerfen. Er legte sie auf den ständig wachsenden Stapel, und Ende Jahr entschieden sie gemeinsam, wohin wie viel gespendet wurde. Nicht zur Freude aller. Der Haussegen mit den Kindern aus der ersten Ehe von Hans Müller hing bald schief. Das Fass zum Überlaufen brachte der Entscheid des Paares, die nötigen Vorkehrungen

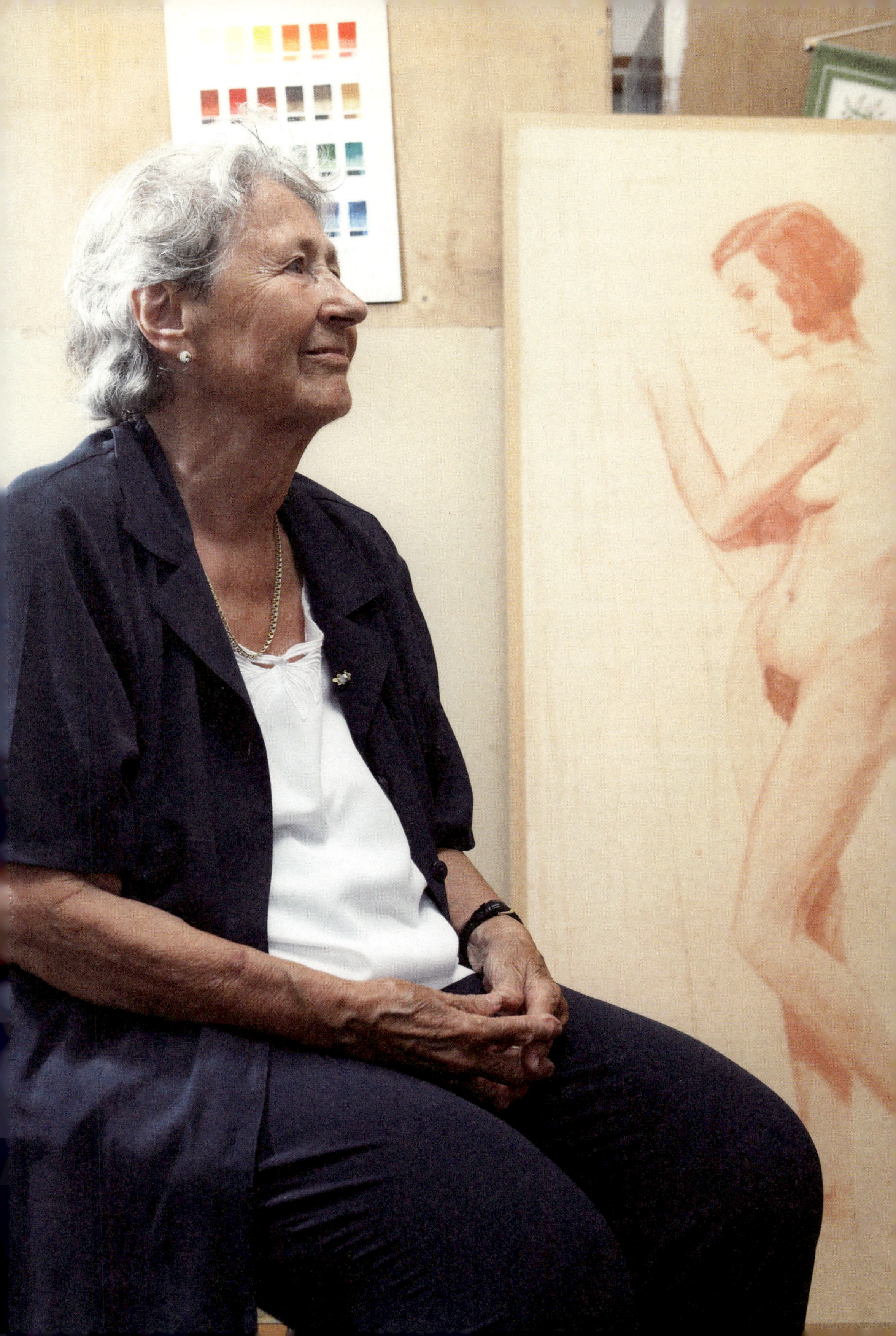

in ihrem Haus zu treffen, um darin den Lebensabend verbringen zu
können. «Die Kinder versuchten, uns das zu verbieten», so Edith
Müller. «Sie wollten nicht belastet werden von uns. Wir sollten in eine
Alterswohnung mit Betreuung.» Mit zunehmender Kritik seiner
Kinder und Schwiegerkinder begann Hans Müller, die Erbangelegenheiten mit einem Notar genau zu regeln. Die Kinder sollten den
Pflichtteil erhalten, seine Frau das Haus, und nach ihr ein Enkel mit
der Auflage, Edith Müller im Notfall zur Seite zu stehen. Nach
ihrem Tod sollte der Rest des Geldes an seine beiden Kinder verteilt
werden mit der Verpflichtung, zehn Prozent an zerebral gelähmte
Kinder und zehn Prozent an die Lungenliga zu geben.

Die Lungenliga hatte er schon lange im Visier. Manche Nacht hatte
er als junger Vater am Bett seines an Asthma leidenden Sohnes
verbracht. Und in den zwanziger Jahren war er als Soldat wegen
Atemproblemen wochenlang vom Dienst freigestellt worden. Zwei
Monate wurde er in eine Kur geschickt und muss dort manch
schwerem Schicksal begegnet sein, von dem er seiner zweiten Frau
immer wieder erzählte. Sie wusste aus eigener Erfahrung, wovon
er sprach: Ihre Eltern hatten beide an Atemwegserkrankungen
gelitten – ihre Mutter konnte in den letzten Jahren nicht mehr aufstehen und nur noch liegend essen und trinken, und kurz vor
dem Tod ihres Vaters sei in seiner Lunge ein Loch «in der Grösse
eines Fünffrankenstückes» entdeckt worden.

Edith Müller ist erleichtert, dass ihr Mann alles genau geregelt hat.
Der Kontakt zu seinen Kindern ist zerbrochen, inzwischen hat
sie «schweren Herzens einen Strich unter diese schwierige Geschichte
gezogen». Doch manchmal, wenn sie im Garten auf der Steinbank
vor der Gedenkstätte mit der Urne ihres Mannes sitzt, trifft es sie,
dass seine Kinder nicht zum Vater kommen, weil er im Garten einer
«Fremden» liege. Dann schaut sie hinüber zum Schwimmbecken, in
dem sie bis kurz vor seinem Tod täglich gemeinsam ihre Runden
zogen und lässt den Blick weiterschweifen über die Blumenrabatten,
die sie zusammen hegten und pflegten – manchmal so intensiv,

dass sie doppelt angelegt waren, weil der eine nicht wusste, dass der andere bereits Samen gesetzt hatte. Und drinnen im Haus begleiten sie auf Schritt und Schritt Bilder aus seinen schöpferischen achtzig Jahren. Jede Wand ist behängt, auch jene der Gästetoilette und des Badezimmers, und selbst der Abzug über dem Herd trägt seine künstlerische Handschrift. Eine umfassende Sammlung von Ölbildern, Aquarellen, Pastellbildern und Zeichnungen zeugen von einem wachen Auge, einer geschickten Hand, einem lebensfrohen Naturell.

Im Katalog mit seinen Werken, den Hans Müller sich und seinen Freunden zu seinem achtzigsten Geburtstag schenkte, hielt er fest: «Nach der Abberufung meiner Lebensgefährtin entstand eine Leere, bis mir das Schicksal zu einer neuen Lebensgemeinschaft verhalf. Unsere Überzeugung, dass wir auf dieser Erde nur ein kurzes Gastspiel haben, stärkt uns im Dienst an der Natur und am Mitmenschen. Unsere Einheit liess in mir ein neues Leben entstehen, das mich beglückt. Ich bin der Vorsehung dankbar, dass ich noch so viel Freude, Wille und Kraft habe. Es ist ein gütiges Geschenk.»
—
Hans Müller (1907–2005)
Edith Müller (*1927) lebt in Mörigen am Bielersee.
—

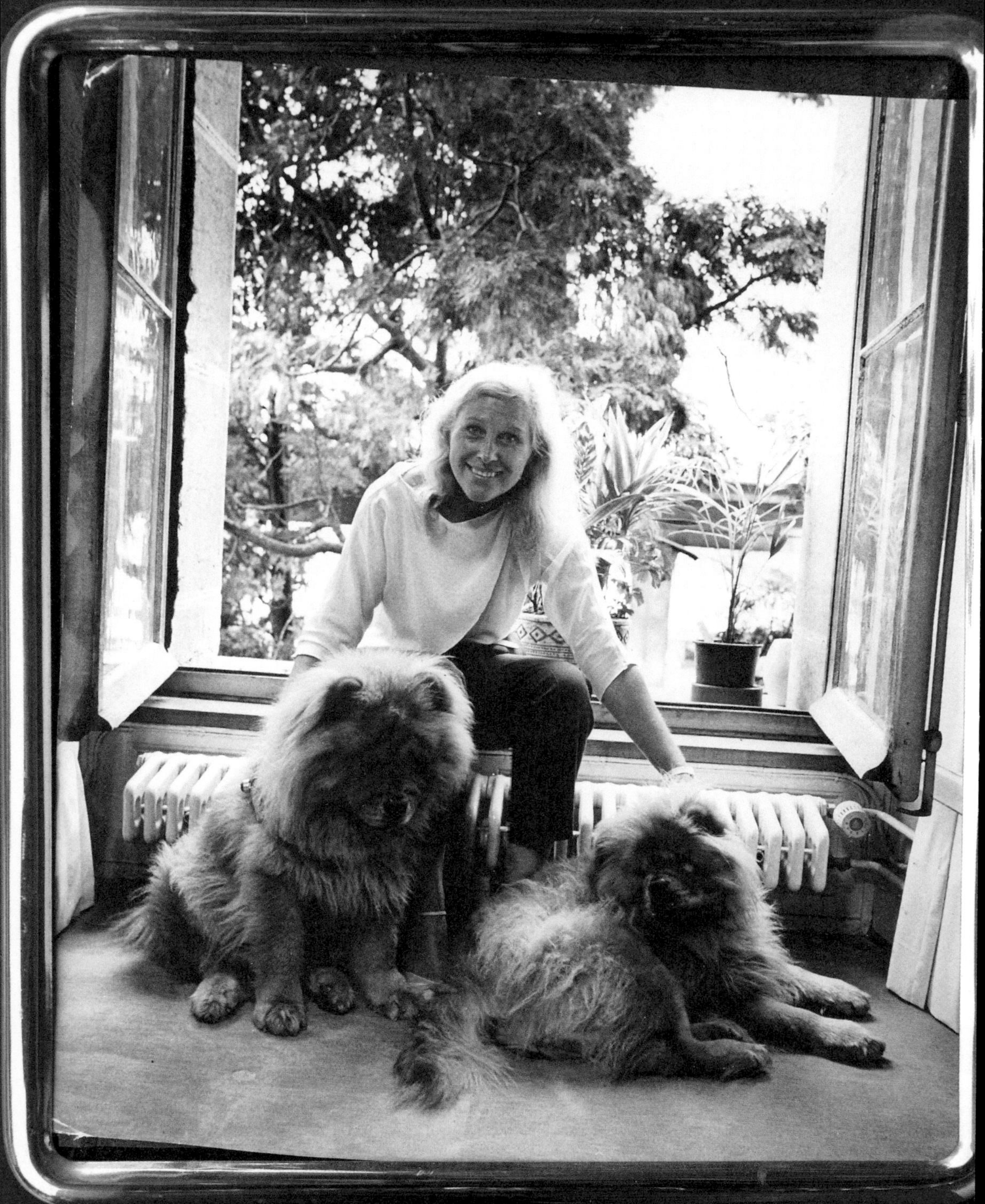

Erika Billeter

«Nicht ohne meine Tiere»

Einzig das linke Ohr zeigt einen Anflug von Altersschwäche, das rechte aber ragt noch munter in die Höhe, und beide Knopfaugen haben über die vielen Jahrzehnte nichts an Glanz verloren. Vom Hals an versinkt der kleine Körper in einem Kordmantel, zugehalten von einer Doppelreihe winziger Knöpfe, feine Spitzen säumen die Enden der Ärmel und den runden Kragen. «Das war der Mantel einer Puppe meiner Mutter», sagt Erika Billeter und erklärt, der lebenslange Schutz habe dazu geführt, dass Arme, Beine und Bauch ihres geliebten Teddybären wie neu seien. Im Alter von vier Jahren hat sie das Plüschtier bekommen. Es sollte ihr treuester Lebensgefährte werden, begleitete die gebürtige Deutsche 1943 auf der Flucht nach Pommern, Ende 1944 vor den Russen zurück in den Westen, verliess sie auch während der Bombardements nicht und spendete in Luftschutzkellern Trost.

«Er ist der beste, schönste Teddybär», sagt die Grande Dame der Schweizer Kunstszene, promovierte Kunsthistorikerin, Autorin vieler Bücher, ehemals Direktorin bedeutender Kunsthäuser der Schweiz, zu deren Bekanntenkreis Grössen wie Andy Warhol zählten. Ihrer Bärenliebe ist sie treu geblieben. Eine ganze Sammlung ziert ihr Zuhause in St-Légier-La Chiésaz, diesem malerischen Ort oberhalb

HENRI MATISSE
Joan Miró
JOAN MIRÓ
miró & artigas keramik
Max von Moos
Moreau/Meffert
NGBK
RENE MAGRITTE
René Magritte und der Surrealismus in Belgien
Edvard Munch
MUNCH UND DEUTSCHLAND
MUNCH OG FOTOGRAFI
HANS RICHTER
GERHARD RICHTER
Odilon Redon
Le Douanier Rousseau
Rubens
Le miroir noir
ATLAS
Carl Spitzweg
The Writings of Robert Smithson
SHEELER
RICHARD SERRA
SERRA
Antoni Tàpies
STEIDL
Belser

von Vevey, und jeder Blick aus dem Fenster ihres Wohnhauses erscheint wie ein gemaltes Bild. Zahlreiche Werke bekannter Künstler schmücken die Wände, viele mit persönlichen Widmungen versehen. Jeder Winkel dieses gemütlichen, eleganten, verspielten Heimes erzählt von einem Leben voller Kultur und einer grossen Liebe zu Tieren. Selbst die Seife auf der Gästetoilette kommt in Bärenform daher. «Das ist meine kindliche Seite, die mir Gott sei Dank geblieben ist.»

Die «süssen Gesichter dieser Vierbeiner» haben es ihr angetan. Sie erinnert sich genau an den Moment, als sie als zehnjähriges Mädchen zum ersten Mal einem Chow-Chow begegnete. «Er sah meinem Teddy verblüffend ähnlich.» Die Züge gingen ihr nicht mehr aus dem Kopf, und innerlich wusste sie, dass sie später einmal einen solchen Hund haben würde. Zur selben Zeit fiel ein zweiter Beschluss: Beim Besuch des Schlosses Sanssouci zogen sie Architektur und Schönheit dieses Ortes derart in Bann, dass sie ihrer Mutter unmissverständlich mitteilte, mit «so etwas» später einmal zu tun haben zu wollen. Die Eltern liessen ihr einziges Kind gewähren, obwohl nach dem Krieg die Aussichten als Kunsthistorikerin nicht rosig waren. Ihre Mutter habe «wenig Ahnung» von Kunst gehabt, und ihren Vater beschreibt Erika Billeter als «künstlerischen Dilettanten, aber begeisterungsfähig». Stundenlang habe er vor einem grossen dunklen Bild in ihrem Elternhaus gesessen und sei nicht müde geworden zu betonen, wie sehr dieses Gemälde doch einem Rembrandt gleiche.

Erika Billeter studierte in Köln, verdiente sich ihren Lebensunterhalt mit Schreibarbeiten für Zeitungen und promovierte in Basel über ein Thema, das sie in die Schweiz führen sollte: Sie befasste sich mit Albrecht Dürers Einfluss auf die französische Kunst des 16. Jahrhunderts. «Das ging hauptsächlich über die Grafik, und da musste Hans Holbein, der sich selbst als Basler bezeichnete, auch erwähnt werden.»

In der Schweiz lernte sie Ende der fünfziger Jahre ihren ersten Mann kennen, der ebenfalls an einer Dissertation schrieb. Kurz darauf zog das Paar nach Zürich, wo Erika Billeter ihren ersten Job als Assistentin am Kunstgewerbemuseum antrat und bald darauf Konservatorin wurde. Wenig später war sie massgeblich an der Gründung des Museums Bellerive beteiligt, als dessen Direktorin sie zwischen 1963 und 1975 amtete. Darauf folgten sechs Jahre als Vizedirektorin am Zürcher Kunsthaus, anschliessend übernahm sie für zehn Jahre die Leitung des Musée cantonal des Beaux-Arts in Lausanne. Zahlreiche ihrer Ausstellungen im In- und Ausland haben Kunstgeschichte geschrieben.

Wer Erika Billeter anstellte, wusste, dass er eine Frau mit einem oder zwei Chow-Chow ins Team aufnahm. Ihre Vierbeiner begleiteten sie auf Schritt und Tritt: zur Arbeit, zu Eröffnungen, Vorträgen, Vernissagen, Festakten, Nachtessen. Es schmerzt sie, heute keine Hunde mehr um sich haben zu können, doch das Fortbewegen ist mühsam geworden. Eine Lebererkrankung zwingt sie zur Ruhe, und ein schwerer Knochenbruch und die Verletzung wichtiger Muskelstränge nach einem Sturz lassen sie auch drei Jahre später nur beschwerlich an einer Krücke gehen. Dabei hatte sie vor 26 Jahren, als sie mit ihrem dritten Mann das Haus in St-Légier-La Chièsaz plante, einen Garten angelegt, der ein «Paradies für meine Lieblinge» sein sollte. Sie schwelgt in Erinnerungen, von denen Schnappschüsse auf ihrem «Hunde-Altar» – ein Tisch mit etlichen gerahmten Bildern ihrer buschigen Vierbeiner – zeugen.

«Ein Leben ohne Kunst und Tiere wäre für mich undenkbar gewesen.» Beides nahm einen derart wichtigen Platz ein, dass sie sich schon früh gegen Kinder entschied. «Ich wusste, ich kann nur eines perfekt machen: entweder meinen Beruf oder die Betreuung der Kinder. Ich liebte diesen Beruf über alles und habe meinen Entscheid nie bereut.» Für Tiere aber blieb genügend Zeit. Seit Jahrzehnten setzt sich die überzeugte Vegetarierin für deren Rechte ein, engagiert sich, wo immer es ihr möglich ist, und steht stets zur Verfügung, wenn es einer guten Sache dient. «Ich beschäftige mich in jeder freien Minute mit Tierschutz», sagt sie, auch wenn sie den Begriff seltsam findet. «Wovor müssen wir Tiere schützen? Vor uns Menschen! Unser Verhalten gegenüber den Tieren ist einfach katastrophal.» Ihr grösster Wunsch liegt im Umdenken der Menschen, in einer grundsätzlichen Veränderung ihres Verhaltens gegenüber der Natur und den Tieren.

Den Gedanken hat sie lange vor sich hingeschoben: Was soll mit dem Haus, in dem sie heute alleine wohnt, einmal geschehen? Wohin mit den vielen Bildern, Kunstgegenständen, der umfangreichen Bibliothek? Sie bezeichnet sich als «Lebe-Mensch», doch wenn man krank und älter werde, müsse man sich mit solchen Fragen auseinandersetzen. Weil sie keine Nachkommen hat, soll ihr gesamtes Vermögen verschiedenen Tierschutzorganisationen zukommen. Vor zwei Jahren kontaktierte sie einen Anwalt und setzte mit seiner Hilfe ein Testament auf, in dem jeder Gegenstand einzeln vermerkt ist. Wenige Bilder gehen an Freunde, die Sammlung an Kunstbüchern an ein Museum, und der Erlös aus dem Verkauf des Hauses und der Kunst wird nach einem festgelegten Schlüssel unter verschiedenen Organisationen aufgeteilt – unter ihnen Animal Trust, in dessen Beirat Erika Billeter sitzt. «So ist garantiert, dass ich jenen Wesen, die ich am meisten liebe, etwas geben kann. Damit tue ich auch für mich selbst etwas absolut Wichtiges.»

Auch der Teddybär ist im Testament erwähnt. Sein nächstes Zuhause wird ein Puppenmuseum sein.
—
Erika Billeter lebt in St-Légier-La Chiésaz.
—

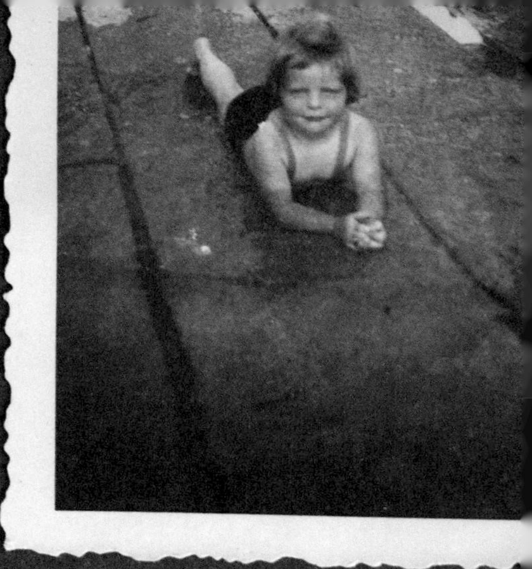

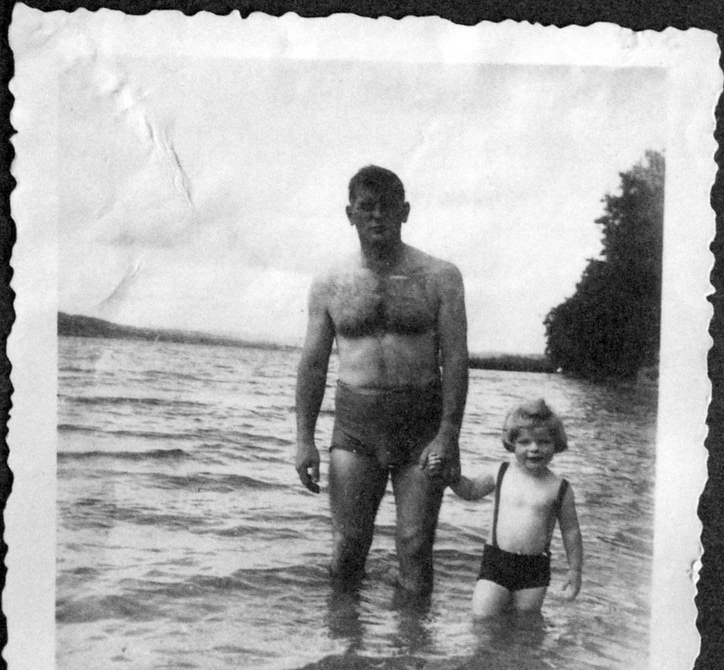

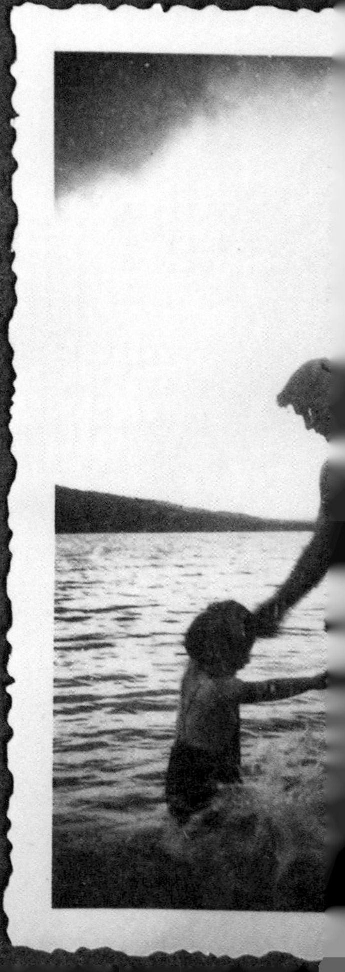

Regula Siegrist

**«Es ist aus meiner Sicht nicht korrekt,
Vermögen anzuhäufen»**

Regula Siegrist erkannte schon sehr früh im Leben, dass das Unterwegssein besser zu ihrem Wesen passt, als sesshaft zu leben. Jeden Tag dieselbe Tasse abzuwaschen, sei nicht ihr Ding.

Ihr Weg führte sie in jungen Jahren als Hotelsekretärin in viele Länder Europas, aber ihr beruflicher Traum erfüllte sich erst, als ein grosses Schweizer Reiseunternehmen ihr eine Stelle als internationale Reiseleiterin anbot. Als Leiterin von Safarireisen in Kenia arbeitete sie sich in den siebziger Jahren an die Funktion einer Resident-Managerin in Nairobi heran. In mit Zebrastreifen getarnten VW-Bussen begleitete sie die ersten europäischen Touristen durch die afrikanischen Savannen. «Ich war mit Leib und Seele Reiseleiterin. In diesem Beruf verzichtet man weitgehend auf ein Privatleben und ist zu jeder Zeit für die Gäste da. Von Sonnenauf- bis Sonnenuntergang war man unterwegs auf Safari, da hatte ich kaum eine Minute für mich. Das machte mir nichts aus. Schon als Kind ging ich gerne in den Zirkus, und ich wünschte mir sehnlichst, in der Manege zu stehen und die Leute zu unterhalten. Der Beruf einer Reiseleiterin hat viel mit Unterhaltung zu tun, und so habe ich mir meinen Kindheitstraum irgendwie doch erfüllt. Ich hatte sehr viel Glück, was meine Lebensgestaltung betrifft. Nur mit der Liebe hat es nicht so geklappt.» Freundschaften habe es zwar viele gegeben, aber die spielten sich arbeitsbedingt immer im Ausland ab. Das Reisen, das Fremde, das Neue habe für sie immer im Vordergrund gestanden. Mit allen Vor- und allen Nachteilen, und auch mit der Konsequenz, alleine durchs Leben zu gehen.

Wie viele Menschen, die länger in Entwicklungsländern gelebt haben, hat sich Regula Siegrist eine realistische Sicht auf die Verhältnisse angeeignet. Trotz ihrer grossen Faszination für fremde Welten ärgert sie sich über deren alltägliche korrupte Machenschaften oder über die Tatsache, dass trotz des Tourismusbooms in allen Ländern die Reichen reicher und die Armen ärmer geworden sind. «Wenn man lange im Ausland lebt, wird man irgendwie patriotisch. Nicht, dass es mir in der Fremde an irgendetwas gefehlt hätte, aber wenn ich auf Urlaub war, lernte ich das Gute an der Schweiz schätzen: Demokratie, Zuverlässigkeit, Sauberkeit und die majestätische Bergwelt.»

Während einem dieser Urlaube, da war Regula Siegrist Mitte dreissig, erlebte sie, wie ihre Eltern erste Vorkehrungen für ihren Lebensabend trafen. Altersheim, Testament und so weiter. «Wenn jemand von uns drei Kindern ein Vorerbe ausbezahlt bekam, hatten die anderen Anrecht auf denselben Betrag. Das hat mir Eindruck gemacht.»

Nach über zwanzig Auslandjahren kam Regula Siegrist 1983 zurück in die Schweiz und erlebte einen Kulturschock. Die kühle Schweizer Gesellschaft und ihr verschwenderischer Lebensstil empfand sie als unerträglich. Gewohnt an Drittwelt-Verhältnisse, empörte sie sich über die Wegwerfmentalität und den Egoismus hierzulande. «Viele Leute aus meinem Bekanntenkreis kamen mir leer, unkritisch und oberflächlich vor. Ihr Alltag liess nichts offen, alles war durchorganisiert und geplant, das hat mich befremdet und unglücklich gemacht. Ich musste weg aus der Deutschschweiz und bin ins Tessin gezogen.» Wie ein Mosaik fügt sich im Leben von Regula Siegrist immer wieder alles zum Guten. Nicht zuletzt, weil sie immer auf ihre

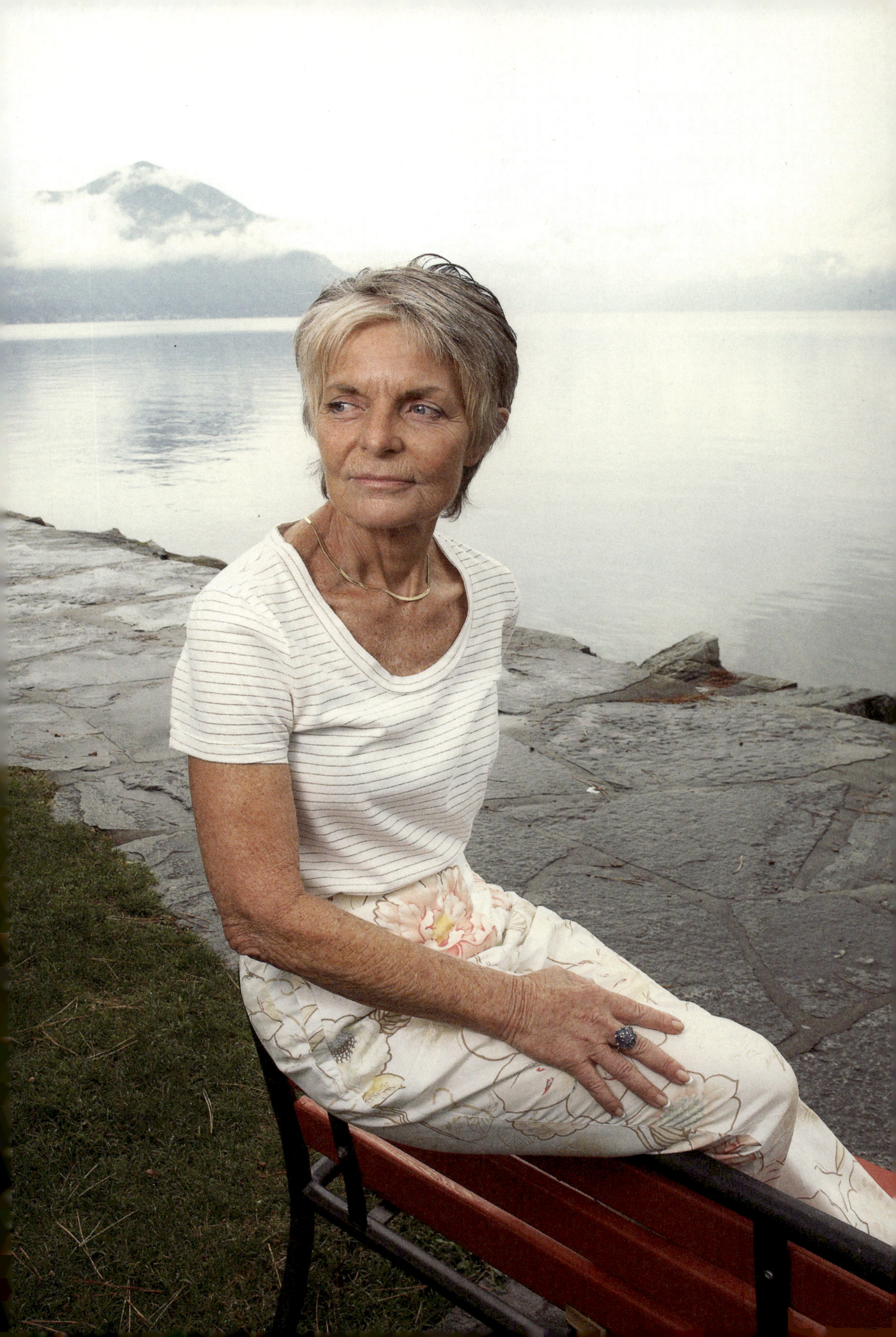

innere Stimme hört und sich auf ihre Intuition verlassen kann. Nicht immer findet sie die Lösung, nach der sie gesucht hat, aber wenn sie sich für etwas entscheidet, stellt sich bald heraus, dass dies der entscheidende Puzzlestein war. Auch der Tabakladen, den sie fünf Jahre in einer kleinen Gasse in Ascona betrieb, war nicht geplant. «Er wurde mir angeboten, das war ideal für mein Sozialleben und gut für meine Integration ins Dorf. Bald kannte ich jede und jeden im Dorf. Das kleine Geschäft habe ich mit Leidenschaft geführt, auch wenn ich davon kaum leben konnte und die Präsenzzeiten sehr lang waren. Aber ob ich nun alleine zu Hause war oder im Laden, machte ja keinen Unterschied.»

Regula Siegrist entdeckt die Freiheit und die Wunder der Natur auf einsamen, oft abenteuerlichen Bergwanderungen. Zurück in der reichen Schweiz staunte sie über die bescheidenen Bergbauern, die im Rhythmus der Jahreszeiten die Alpen bewirtschaften. Verlassene, verlotterte Alphütten stimmten sie traurig. Diese Betroffenheit bewegte sie eines Tages, auf ein Inserat der Schweizer Berghilfe zu reagieren. Sie erhielt die Möglichkeit, mit einem ehrenamtlichen Experten der Schweizer Berghilfe von Alp zu Alp zu fahren und Höfe zu besichtigen. Überzeugt, dass ihre Ersparnisse von integren und kompetenten Mitarbeitern in die richtigen Projekte gewiesen werden würden, schrieb sie ihr Testament. Die Schweizer Berghilfe wird eine ihrer Erbinnen sein.

Regula Siegrist unterstützt aber auch Menschen und Projekte in Afrika, allerdings nur dort, wo sie eine persönliche Beziehung dazu hat und damit die Gewissheit, dass das Geld in ihrem Sinne eingesetzt wird. So unterstützt sie zum Beispiel eine Familie in Nairobi, mit der sie seit Jahren befreundet ist. Zwei Töchter der Familie hat sie zu ihren Patenkindern erklärt und bezahlt ihnen die Ausbildung zu Krankenschwestern. Sie hofft, dass ihre Patenkinder ihren Beruf einmal in dem Palliativ-Hospiz ausüben können, das zurzeit noch im Bau ist und dessen Finanzierung sie mitträgt. Sie reist regelmässig nach Kenia, um zu sehen, wie weit der Bau vorangeschritten ist und um zu erfahren, was die Lehrer über die Fortschritte ihrer Patenkinder berichten. «Würde ich diese Besuche nicht jeweils mit einem Ferienaufenthalt verbinden, wäre der Zeit- und Kostenaufwand für einen solchen Informationsbesuch schlicht nicht möglich.»

Das Schreiben des Testamentes als solches hat bei Regula Siegrist wenig Emotionen ausgelöst. «Es ist nur ein Dokument, ein sachliches Papier und eine praktische Sache.» Es ist ihr eine Selbstverständlichkeit, den Inhalt ihres Testamentes mit ihren Bekannten zu besprechen. Sie will sie damit motivieren, es ihr gleichzutun. «Es ist aus meiner Sicht nicht korrekt, Vermögen anzuhäufen, zu horten und nur in der Familie weiterzugeben. Es gilt, unsere herrliche Bergwelt, ein kostbares Erbe, zu hegen und zu pflegen, auf dass der natürliche Nutzen weiterwirkt. Das bedeutet Verantwortung für uns alle.»
—
Regula Siegrist (*1941) lebt in Ascona.
—

FOTELI
1994-2000

**«Unser grosses Anliegen ist
eine gerechtere Welt»**
— —

—

Die beiden sind Mitte vierzig, sie gehören zu jenen Menschen, die sich schon früh im Leben Gedanken über ihr Testament gemacht haben. Ihre Beweggründe sind weniger emotionaler, sondern ganz sachlicher und praktischer Natur. Seit 16 Jahren sind sie ein Paar, aber heiraten wollen sie nicht. Sie sind der Ansicht, ihre Liebe brauche durch keine Institution besiegelt zu werden. Zusammen besitzen sie nicht weniger als 13 Fahrräder, eins davon ist ein Tandem, das sie zu paartherapeutischen Zwecken gerne ausleihen.

Priska Sieber: Mein Vater starb, als ich 16 war, und beim Tod meiner Mutter war ich 38. Der frühe Tod meiner Eltern veranlasste mich, mir Gedanken über mein Testament zu machen. Meine drei Brüder, die mich einmal beerben würden, brauchen mein Geld sowieso nicht, denn alle drei sind etabliert.

Wenn ich nicht mehr da bin, sollen diejenigen mein Geld erhalten, die es auch brauchen. Das ist mir ein grosses Anliegen, weshalb ich entschieden habe, einen grossen Teil meines Vermögens der Erklärung von Bern zu vermachen. Deren Arbeit überzeugt mich vollkommen. Trotzdem habe ich mich entschieden, sie nicht zur Allein-

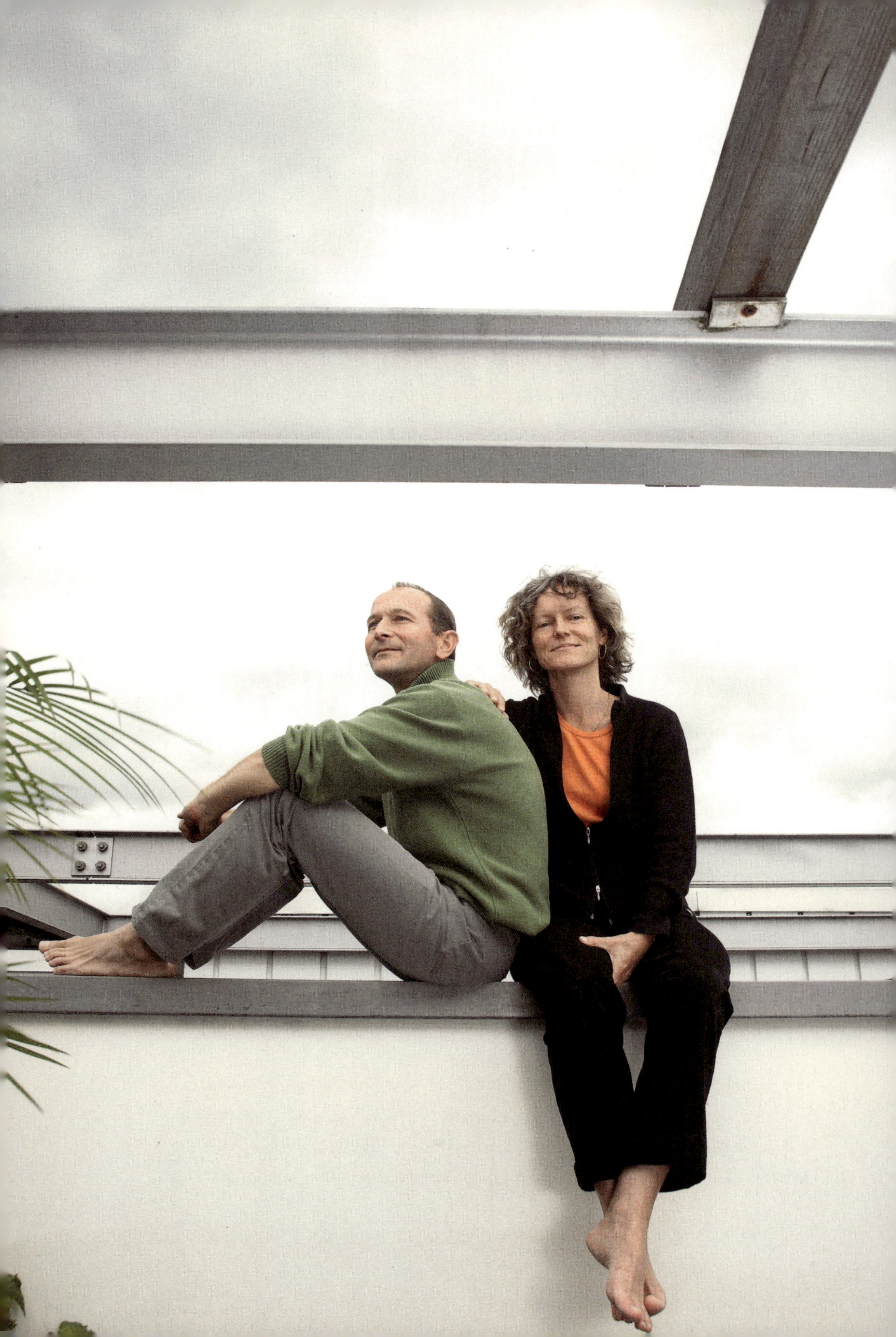

erbin zu machen, um sie damit nicht zu überfordern. Nicht, dass ich Millionärin wäre, aber es ist doch ein ansehnlicher Betrag. Schlussendlich habe ich mich für zwei weitere Organisationen entschieden. Um diese sorgfältig auszuwählen, brauchte ich allerdings fast ein ganzes Jahr.

Kinder waren für mich nie ein Thema. Schon gar nicht in der Schweiz, wo sie meiner Ansicht nach ungenügend von der Gesellschaft getragen werden. Frühere Partnerschaften sind an meinem fehlenden Kinderwunsch gescheitert, aber mit Thomas habe ich jemanden, der ähnlich eingestellt ist. Persönlich finde ich Kinder auf der Schwelle zur Jugend, im Alter zwischen zwölf und sechzehn, interessant.
Das ist mit ein Grund, warum ich Sekundarlehrerin wurde. Später studierte ich Pädagogik, Soziologie und Ethnologie und arbeitete anschliessend bei der Stiftung Bildung und Entwicklung, die sich für globales Lernen einsetzt. Es geht dabei um die Integration von Nord-Süd-Themen in die Schule. Meine Dissertation schrieb ich zum Thema «Ausgrenzung von Migrantenkindern in Schweizer Schulen». Dass mich das Zusammenleben mit anderen Kulturen interessiert, kommt nicht von ungefähr. Als Jugendliche lebte ich dank eines Schüleraustauschs ein Jahr lang in Kenia. Meine Gasteltern in Mombasa gehörten zur Mittelschicht, obwohl es in ihrem Haus weder fliessendes Wasser noch Strom gab. Sie hatten elf Kinder und immer viel Besuch. Dieser Aufenthalt hat mich fürs Leben geprägt.

Thomas und ich leben schon lange zusammen. Um uns gegenseitig abzusichern, planten wir, einen Konkubinatsvertrag abzuschliessen.
Es hat sich dann herausgestellt, dass wir gar keinen benötigen, sofern wir gewisse Bereiche einzeln regeln. Also hat jeder von uns eine Auflistung von seinem Hab und Gut erstellt, die rechtliche Situation im Falle eines Spitalaufenthalts geklärt und das Finanzielle je in einem Testament festgelegt. Thomas ist in meinem Testament finanziell nicht

berücksichtigt. Ich bin zwar überzeugt, dass er mein Erspartes gut einsetzen würde, aber er hat selber genug Geld. In meiner Familie herrschte ein ganz unverkrampftes Verhältnis zum Tod. Wir betrachteten ihn als etwas Natürliches und zum Leben Gehörendes. Bei der Vorstellung meines eigenen Todes bedrückt mich einzig, dass Thomas alleine zurückbleiben würde. Und die umgekehrte Vorstellung finde ich genauso schwierig.

Thomas Braunschweig: Wir haben in unseren Testamenten beide unabhängig voneinander die Erklärung von Bern gewählt. Entwicklungspolitik ist mir ein grosses Anliegen. Es gibt verschiedene Gründe, warum ich in meinem Alter bereits ein Testament geschrieben habe. Erstens habe ich immer mehr verdient, als ich gebraucht habe. Zudem stelle ich immer wieder fest, dass es keine Sicherheit gibt im Leben. Wir haben in unserem Verwandten- und Freundeskreis schon einige Menschen verloren, die 45 Jahre alt oder noch jünger waren. Und schliesslich habe ich durch meine Familie gelernt, das Thema Testament nicht unter den Tisch zu kehren. Bei uns wurde immer alles offen besprochen. Auch mein eigenes Testament halte ich nicht geheim. Priska ist meine Willensvollstreckerin, aber sie wird im Testament nicht bedacht.
Durch meine Tätigkeit als Agrarökonom habe ich auch einige Jahre in Entwicklungsländern mit unterschiedlichen Organisationen zusammengearbeitet. Ich bin zur Einsicht gelangt, dass Entwicklungshilfe vor Ort nur mit einer Verhaltensänderung bei uns Sinn macht. Nicht nur «mehr geben», sondern vor allem «weniger nehmen» wäre wichtig. Das ist der Grund, weshalb mir die Arbeit der Erklärung von Bern gefällt. Als zweite Erbin habe ich eine Menschenrechtsorganisation bedacht. Damit unterstütze ich ein zweites mir wichtiges Anliegen und verteile ausserdem das Risiko, oder wie man so schön sagt, ich lege nicht alle Eier in denselben Korb.

Erstaunt stelle ich immer wieder fest, wie aufgeschlossene Leute aus meinem Umfeld plötzlich sehr konservativ denken, wenn es ums Thema Geld und Erben geht. Die Sicherheit hat Vorrang. Kürzlich sagte mir ein guter Freund, er arbeite und spare, um seinen Kindern, die bereits ausgebildet und erwachsen sind, etwas zu hinterlassen. Das heutige Erbsystem entspricht mittelalterlichen Vorstellungen. Die Geburt determiniert das Leben und den materieller Wohlstand, was im Widerspruch zu modernen Gerechtigkeitsprinzipien steht. Erbschaften innerhalb der Familie sollten abgeschafft und eine gerechtere Lösung gefunden werden, beispielsweise durch das Vererben an gemeinnützige Institutionen. Schon mein Vater, der als Nationalrat politisch exponiert war, vertrat die Meinung, man sollte beim Vererben zumindest eine Generation überspringen. Heute erben die meisten aufgrund der hohen Lebenserwartung erst im Alter von über fünfzig Jahren, wenn sie es meistens nicht mehr brauchen. Aus diesem Grund haben meine Eltern das Erbe meiner Grosseltern direkt an uns Kinder weitergegeben. Damals war ich zwanzig und ein mittelloser Student, da waren die paar Franken wenigstens ein willkommener Zustupf.

—

Priska Sieber (*1964) und *Thomas Braunschweig* (*1962)
leben in Zürich.

—

Deutsches Rotes Kreuz
Präsidium / Auslandsdienst
Berlin SW 61, Blücherplatz 2

30 JUN 1942 356033

ANTRAG
an die Agence Centrale des Prisonniers de Guerre, Genf
— Internationales Komitee vom Roten Kreuz —
auf Nachrichtenvermittlung

REQUÊTE
de la Croix-Rouge Allemande, Présidence, Service Etranger
à l'Agence Centrale des Prisonniers de Guerre, Genève
— Comité International de la Croix-Rouge —
concernant la correspondance

1. Absender   Paul Appel   Deutschland
   Expéditeur Berlin S.O.36 Waldemarstr. 52 Aufgang IV. 4 Treppen

bittet an
prie de bien vouloir faire parvenir à

2. Empfänger   Ruth Appel   England
   Destinataire Pax "The Bridgeway"
                Selsey - West - Sussex

folgendes zu übermitteln / ce qui suit:
(Höchstzahl 25 Worte!)
(25 mots au plus!)

Liebe Kinder!
Alle gesund! Brief 31./III erhalten, sehr gefreut, daß
Ihr gesund und fleißig. War Mutti bei Euch?
War Klaus bei Nelli? Ingrid erwartet Baby

Herzlichst küßt Euch
Papi, Oma, Tante Edith

(Datum / date) 23.VI.42.

3. Empfänger antwortet umseitig
   Destinataire répond au verso

(Unterschrift / Signature)
Paul Appel

«Damit das Leiden nicht für nichts war»

«Mein Leben verlief nicht so gerade, wie ich es mir gewünscht hätte. Es begann 1925 im jüdischen Krankenhaus von Berlin. Vier Jahre später starb meine Mutter; mein Bruder war damals sechs, meine Schwester eins. Danach schaute mein Vater nach uns. Er gab sich alle Mühe, Vater und Mutter in einer Person zu sein. Unser Glück war, dass seine Zahnarztpraxis durch einen langen Gang mit unserer Wohnung verbunden war, wodurch wir in ständigem Kontakt standen.

Mit der Ausbreitung der braunen Pest des Nationalsozialismus verlor mein Vater erst die Kassenpatienten und dann einen grossen Teil der nichtjüdischen Patienten. Ende 1937 entschloss er sich, den Rest seiner Ersparnisse durch einen Schlepper nach Holland bringen zu lassen. Das sollte uns eine Überlebensmöglichkeit nach der für später geplanten Flucht geben. Doch der Schlepper wurde von der Gestapo gefangen genommen und erzählte alles, was er wusste.
Nie werde ich den Morgen vergessen, an dem sie meinen Vater abholten – ich habe ihn nie wieder gesehen. Erst 1987 erfuhr ich, dass er 1943 nach Auschwitz gebracht worden war, zusammen mit meinem 21-jährigen Bruder und dessen 19-jähriger Frau.

Von nun an waren wir Waisen. Ruth war neun, Willi fünfzehn, ich zwölf. Zuerst kümmerten sich Omi und Tante Edith rührend um uns. Dann wurde für Willi ein Zimmer bei einer jüdischen Familie gefunden, und Ruth und ich kamen in ein Waisenhaus. Das hat uns vermutlich das Leben gerettet. Alle Überlebenden stellen sich wohl ewig die Frage, ‹Warum ich und nicht die anderen?› Es gibt darauf keine Antwort. Doch je älter man wird, umso drängender wird die Frage. Heute schneidet sie mir oft die Kehle zu. Was mir hilft, ist mein Engagement für die Flüchtlingshilfe.

Doch zurück. Am 9. November 1938 kam die Kristallnacht, die weltweit einen Schock auslöste. In England ersuchten jüdische Organisationen gemeinsam mit Quäkern die Regierung, wenigstens Kinder zu retten. Die Verantwortlichen erliessen daraufhin ein Gesetz, dass Kinder nach England gebracht werden durften – vorausgesetzt, eine Gastfamilie übernahm alle Spesen und hinterlegte eine Garantie von 50 Pfund pro Kind, was heute 1000 Franken entsprechen würde. Bis Kriegsbeginn am 1. September 1939 wurden fast 10 000 Kinder nach England gebracht – eine unwahrscheinliche Leistung! Auch für Ruth und mich konnten die notwendigen Bedingungen erfüllt werden. Im Frühling 1939 hätte es losgehen sollen. Doch kurz vor der Abreise gingen meine Papiere verloren, Ruth musste ohne mich reisen. Damit trennten sich unsere Wege bis zum heutigen Tag. Der Platz im Waisenhaus aber wurde immer enger; und nachdem ich aus der Volksschule entlassen worden war, kam ich bei einer jüdischen Familie unter. Willi gelang es, mich an seinem Arbeitsort schwarz unterzubringen. Ich konnte einen Teil meines bescheidenen Lohnes sparen, und eines Tages kaufte ich mir ein lang ersehntes, billiges Akkordeon.

Eines Abends kam ein Anruf: Tags darauf finde der wohl letzte Transport statt. In Eile hiess es Abschied nehmen von Omi und Tante Edith. Willi, der mit seinen 17 Jahren bereits zu alt war, um mitzudürfen, brachte mich zur Sammelstelle. In der einen Hand hielt ich einen Koffer mit ein paar Kleidungsstücken, wenigen Fotografien,

26. Dezember 1938

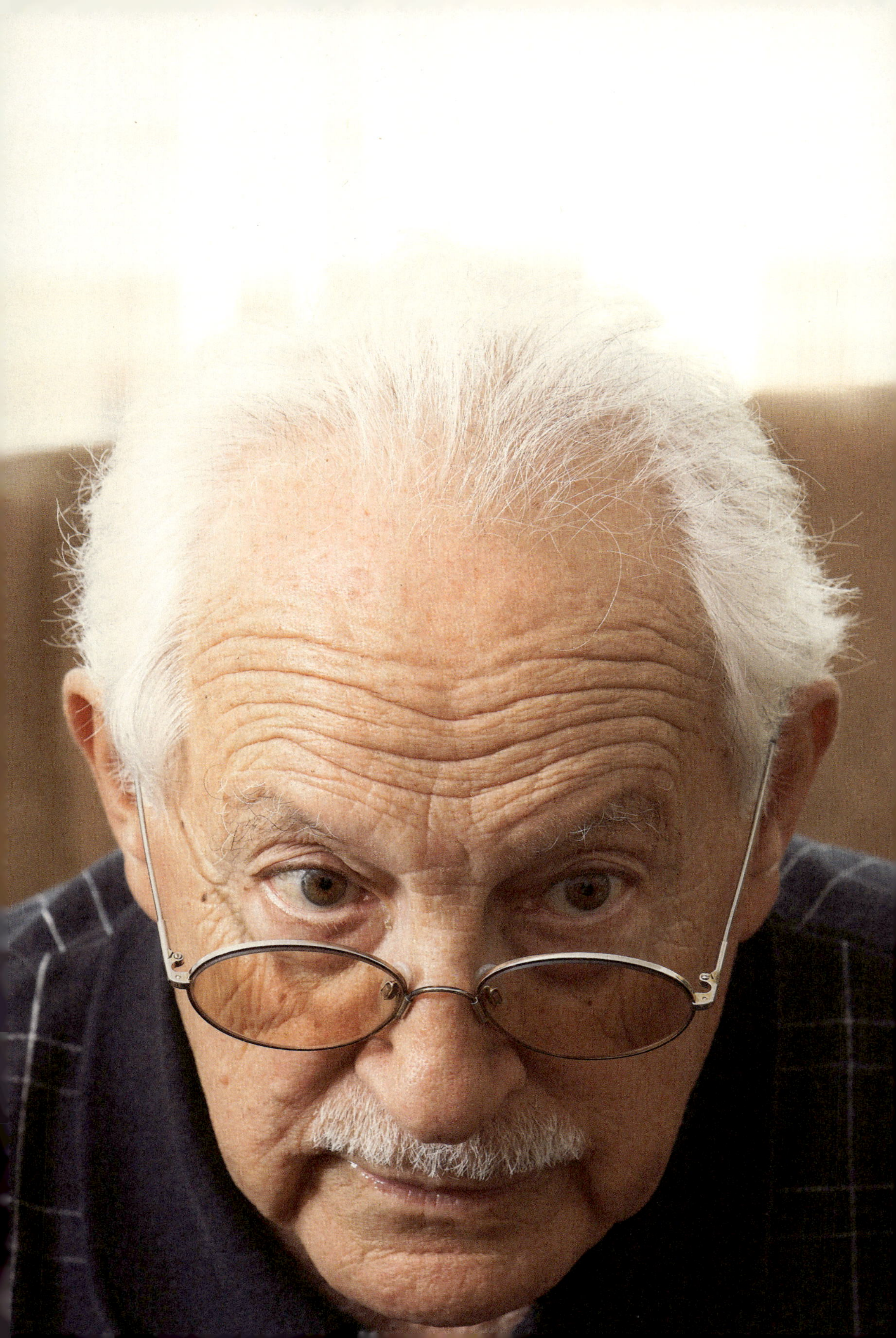

Zeugnissen und meiner Identitätskarte mit dem grossen ‹J› und dem Vermerk ‹staatenlos›; in der anderen mein Akkordeon – doch alles Festhalten nützte nichts, ich musste es zurücklassen. Man versprach mir, Willi werde es mir ganz bestimmt nachsenden. Ich sollte weder ihn noch mein Akkordeon jemals wiedersehen.

Zwei Stunden nachdem ich mit sechzig anderen Kindern Deutschland verlassen hatte, begann der Krieg. Nach einer abenteuerlichen Fahrt landeten wir wirklich in England – es war unfassbar. Zuerst wurden wir in ein Flüchtlingslager in Ipswich gebracht. Dann ging es weiter nach London zur Flüchtlingsorganisation Bloomsbury House. Gefragt waren blonde, kleine Mädchen; für 14-jährige Jungen wie mich interessierte sich niemand. Über Umwege kam ich ins Barackenlager nach Ipswich zurück. Bald kam ich in eine arbeitslose Gastfamilie, bei der andere die Bürgschaft für mich hinterlegt hatten. Offenbar ging es ihnen nur um mein Taggeld. Eines Tages verschwand die Familie und hinterliess Schulden – und mich.

Bloomsbury House half mir, in einer landwirtschaftlichen Schule unterzukommen. Dort angekommen merkte ich bald, dass es sich um ein Heim für schwererziehbare Jugendliche handelte. Das Leben in den Holzbaracken war eng und kalt. Wir hatten ständig Hunger und stahlen auf dem Feld Kartoffeln – bis heute habe ich Mühe, Pellkartoffeln zu essen. Der Wunsch nach einer anderen Arbeit wurde immer stärker. Schliesslich fand ich Aufnahme in einer Herberge für Flüchtlinge in London. Hier begegnete ich meinem früheren Schulkameraden Adi aus Berlin wieder. Gemeinsam fanden wir Arbeit. Wir brachen von Bomben beschädigte Häuser ab, reinigten wiederverwendbare Steine und bauten aus den Grundmauern Wassertanks. Bald schon konnten wir uns ein möbliertes Zimmer leisten. Wir waren kaum 16 Jahre alt und wurden von der Kindheit direkt ins Erwachsenenleben geschleudert.

Während all dieser Zeit kam aus Deutschland kein Lebenszeichen. Meine Familie war ausgelöscht: Vater, Bruder, Grossmütter, Onkel, Tanten, Cousinen. Zurück blieb ein trauriges, endloses Erwachen. Immer stellte ich mir die nicht beantwortbare Frage: ‹Muss solches Leid nicht eine bessere Menschheit mit mehr Mitmenschlichkeit hervorbringen?›

Da ich nicht mein Leben lang Handlangerarbeit ausführen wollte, bewarb ich mich bei einer chemischen Fabrik, die Aufträge für die Marine ausführte. Dazu benötigte ich eine besondere Bewilligung. Denn erstens war ich ein Ausländer mit staatenlosen Papieren und zweitens leistete die Fabrik geheime Kriegsarbeit. Dem Direktor gelang es, mir diese Bewilligung zu verschaffen. Das war ein grosser Glücksfall. Ich blieb zehn Jahre bei dieser Firma. Nach Kriegsende empfahl mir der Direktor, ein Studium zu absolvieren, und wollte auch dafür aufkommen. Doch dazu war ich zu stolz. In Abendkursen studierte ich Electro Engineering und schloss mit dem Diplom ab. Mein Ehrgeiz drängte mich zu einer noch höheren Qualifikation, doch da lief mir ein liebes Mädchen aus der Schweiz über den Weg, das in London einen Sprachaufenthalt machte. Aufgewachsen in beschützten Verhältnissen, war Myriam fasziniert vom selbständigen Leben, das ich mit meinen Flüchtlingskameraden teilte. Langsam schmolzen wir zusammen und beschlossen, gemeinsam nach Biel zu ziehen. Auf Umwegen fand ich zur Uhrenindustrie, in der mein späterer Schwiegervater tätig war.

Seit vierzig Jahren setze ich mich stark für die Belange von Flüchtlingen ein und habe jedes Jahr grosse Geldsummen für wohltätige Organisationen sammeln können. Myriam und ich werden auch ein Legat zugunsten jüdischer Flüchtlinge machen. Dies steht in unseren Plänen und wird in unserem Testament einen speziellen Platz einnehmen. Auch stehe ich in enger Verbindung zur Schweizerischen Flüchtlingshilfe (SFH). Vor einigen Jahren schlug ich den Verantwortlichen vor, die Geschichte der Kindertransporte zu ihrem Thema zu machen.

Dieses Wissen durfte nicht verloren gehen, um zu zeigen, dass mein Schicksal exemplarisch auch für ihre Organisation steht, und zwar die Aufnahme und Eingliederung von minderjährigen, unbegleiteten Flüchtlingen. Für die SFH stellt dies die grösste Herausforderung dar, um der Gefahr eines lebenslangen Traumas vorzubeugen. Gemeinsam gelang es uns, den Dokumentarfilm *In eine fremde Welt* in einigen Schweizer Kinos zu zeigen. Im Jahr 2001 war er als bester Dokumentarfilm mit einem Oscar ausgezeichnet worden. Die Tochter eines Flüchtlings, die 1939 ebenfalls mit einem Kindertransport nach England gerettet worden war, hat ihn gedreht. Er erzählt die Geschichte von diesen 10 000 geretteten Flüchtlingskindern.

In Myriam habe ich für meine verlorene Jugend und für meine zerstörte Familie eine unersetzliche Entschädigung gefunden. Sie schenkte mir zwei wundervolle Kinder. Bis heute hat sich unsere Familie um drei Enkel vergrössert. Die Jüngste spielt gegenwärtig in Genf in einer Oper, die in Theresienstadt speziell für dortige Kinder geschrieben wurde und *Brundibar* heisst, komponiert von Hans Krasa, einem Insassen des Konzentrationslagers.»

—

Klaus Appel (*1925) lebt mit seiner Frau *Myriam* in Biel.

—

Hotelküche

Rita Andres

Es ist sooo gut

«Kraft und Wille, Gutes zu tun»

— —

—

«In jungen Jahren hat mich die Tatsache, dass ich ein Einzelkind war, nicht wenig belastet. Ich erinnere mich, wie mir eines Tages ein Buch in die Hände fiel, in dem der Satz stand: ‹Einzelkinder sind schlechthin schwer erziehbar.› Schwer erziehbar! Das schockierte mich dermassen, dass ich mir vornahm, mich eher anzupassen als zu rebellieren. Und das zu einer Zeit, in der die Jugend ohnehin sehr angepasst war. Das einzig Gute an der Einzelkindsituation war, dass ich dadurch lernte, Kontakte zu knüpfen und auf andere Menschen zuzugehen.»

Rita Andres sitzt mit wachem, zufriedenem Blick am Stubentisch in ihrem gemütlichen Chalet. Es ist dieselbe Stube, der gleiche Tisch, an dem sie schon als Kind sass. Fotografien ihrer Eltern hängen über der Eckbank, auf dem grob gewobenen Tischtuch steht das feine Porzellan für den Kaffee. Ihre Eltern wollten, dass sie Sprachen lernte. «Das hilft dir im Leben», meinte ihr Vater, der Lehrer war. Also absolvierte sie das damals noch obligatorische Haushaltsjahr im Tessin und lernte dabei Italienisch. Französisch lernte sie später in einem Sprachinstitut in der Romandie. Darauf hatte sie anfangs zwar wenig Lust, es sollten dann aber vier sehr schöne und bereichernde Jahre für sie werden. «Die jungen Nonnen, die uns unterrichteten, lebten ihre Ideale und Werte Tag für Tag, das hat mich tief beeindruckt. Das Institut gab zwar ein strenges, aber strukturiertes Leben vor. Das Studium fand unter Aufsicht statt. Von Schülerinnen geschriebene Briefe mussten im offenen Couvert abgegeben werden, und die eingehende Post wurde geöffnet ausgehändigt. Diese rigiden Regeln gehörten einfach zum Institutsalltag, der andererseits auch viel Frohes bot. Als ich mit zwanzig Jahren die sichere Obhut des Instituts verliess, überfiel mich Angst vor der ‹neuen Welt draussen›. Diese Sorge sollte sich aber bald als unbegründet herausstellen.»

Der Ausblick aus Rita Andres' Stube geht in ihren wunderbar gepflegten Garten und über Wiesen und Felder. Sie ist eine gute Erzählerin und unterstreicht ihre Worte mit lebhafter Gestik. Obwohl ihre Eltern sie gerne in den Fussstapfen ihres Vaters als Lehrerin gesehen hätten, entschied sie sich für den damals noch relativ unbekannten modernen Beruf der Sozialarbeiterin. «Meine Eltern mit damals noch unvollständigen Vorstellungen und eher negativen Assoziationen konnten meinen Entschluss nur schwer verstehen. Sie von meinem festen Willen zu überzeugen, kostete mich viel Kraft, doch wurde mir schliesslich die Berufswahlfreiheit grosszügig zugestanden, was Mitte des letzten Jahrhunderts nicht selbstverständlich war.»

Ihre erste Stelle nahm Rita Andres als Gemeindefürsorgerin an. Dabei stellte sie bald einmal fest, dass sie das Leben von Familien besonders im Arbeiter- und Industriemilieu bislang eher theoretisch und weniger praktisch kennen gelernt hatte: Scheidungen, Konkubinat, Alleinerziehende, verwahrloste Kinder, Trinkerfamilien, das waren Situationen, denen sie in der Realität nie begegnet war. Unerfahren und überfordert sei sie gewesen, kämpfte sich aber durch, bis sie eines Tages aufgab im Wissen, für eine solche Aufgabe noch nicht reif genug zu sein. Diese Einsicht weckte eine alte Sehnsucht. Sie wünschte sich, in einem Entwicklungsland zu arbeiten. Nach einem dreijährigen Einsatz als Leiterin einer Hauswirtschaftsschule in einer Mission in Afrika kam Rita Andres in die Schweiz

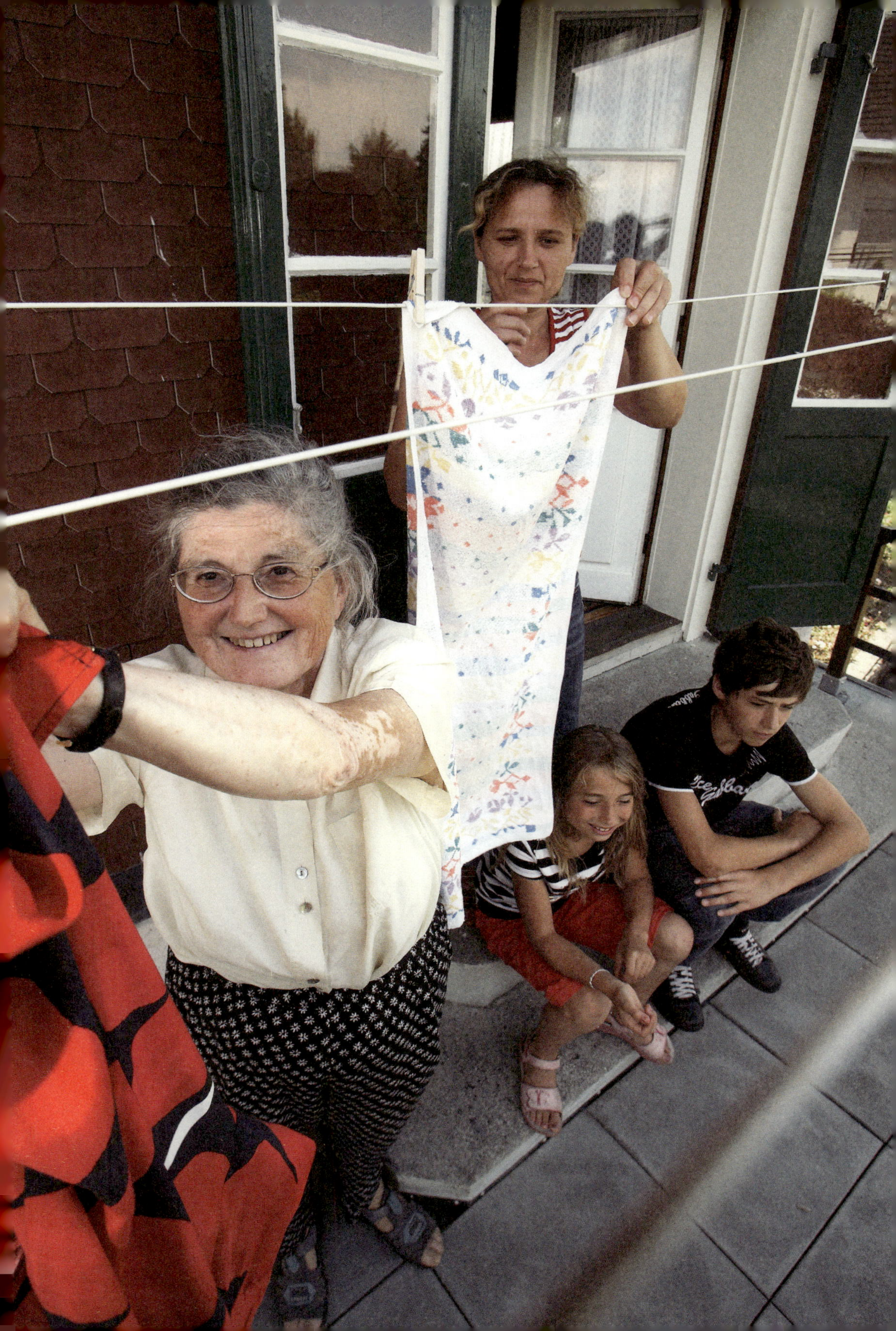

zurück. Sie war damals bereits über dreissigjährig und suchte nach einer sinnvollen und erfüllenden Arbeitsstelle, die sie zuerst als Spitalsekretärin und danach bei der Caritas fand.

In den achtziger Jahren erschütterten Bilder von Vietnamflüchtlingen die Schweizer Bevölkerung. Als die Schweiz auch Boat-People aufnahm, meldete sie sich bei der Caritas. Sie durchlief mehrere interne Stationen bis zu dem Tag, als jemand für die hauswirtschaftlichen Aufgaben in einem Asylbewerberheim gesucht wurde. «Ich wollte von der Büroarbeit wegkommen und näher zu den Menschen. In diesem Asylheim lebten nur Männer, mehrheitlich Tamilen, Bangladeshi, Sikhs und Libanesen. Die Betreuung und das enge Zusammenleben mit 25 jungen Männern, die sich in einem Ausnahmezustand befanden, war für mich eine wiederum ganz neue Welt. Hierbei kam mir das Vorbild meines Vaters, der eine ausgesprochen natürliche Autorität besass, zustatten. Es war trotzdem nicht einfach, gewisse Regeln zugunsten eines friedlichen Zusammenlebens so verschiedener Kulturen und Charaktere durchzusetzen. Ich hatte prinzipiell Angst vor Konflikten. Doch Geduld und gegenseitiges Vertrauen haben mit der Zeit zu einem guten Miteinander geführt. In diesem Familienkonstrukt bin ich zum ersten Mal im Leben ‹Mama› genannt worden. Und genau das wollte ich sein, ein wenn auch zeitlich bedingter Ersatz als Mutter oder Schwester für die nun heimatlosen jungen Männer. Auf der Flucht, in der Fremde, ist es offenbar die Mutter, die den Menschen am meisten fehlt. Viele der Männer trugen das Foto ihrer Mutter immer auf sich und zeigten es mir mit einer Mischung aus Stolz, Schmerz und Sehnsucht.»

Als Rita Andres' Vater starb, war ihr ohne lange zu überlegen klar, dass sie sich um ihre Mutter kümmern würde. So nahm sie Abschied von ihrer neu gewonnenen Familie im Asylheim. Caritas ermöglichte ihr eine Teilzeitstelle für die Nothilfe-Aktionen im Libanon. «1991, zwei Jahre nach dem Libanonkrieg, reiste ich zum ersten Mal nach Beirut. Die Kriegsfolgen zu sehen, war eine beklemmende Erfahrung. Umso eindrücklicher war es, wie die Caritas-Mitarbeiterinnen sich für die Kriegsversehrten engagierten. Ich war beeindruckt, wie motiviert die Frauen – allen voran Klosterfrauen – nach fünf Jahren Krieg unermüdlich Einsatz leisteten.»

Rita Andres reiste in den Folgejahren regelmässig in den Libanon. Dazu kamen Projekte in Syrien, Jordanien, Ägypten und im Maghreb. Erst als ihre Mutter pflegebedürftig wurde, nahmen die geliebten Reisen ein Ende, und im Alter von sechzig Jahren liess sie sich pensionieren. In ihrem Heimatdorf hatte sie schon seit jeher freiwillige Hilfe geleistet und Sprachkurse für Ausländer erteilt. Wer immer ihre Hilfe brauchte, konnte auf sie zählen. «Ich habe mich dafür eingesetzt, dass die jungen ausländischen Frauen Deutsch lernen. Kulturbedingt bleiben sie oft zu Hause, sie haben kaum Kontakt nach aussen.»

Rita Andres hat sich ihr Leben lang für diejenigen engagiert, die Hilfe brauchen. Die Männer im Asylheim, Flüchtlinge, Kriegsgeschädigte und ihre Eltern. Die Kraft und der Wille, weiterhin Gutes zu tun, sind noch lange nicht versiegt. Auch nicht über ihr Leben hinaus. «Ich habe keine Nachkommen. Caritas hat es verdient, in meinem Testament bedacht zu werden. Die Arbeit der Organisation hat mich geprägt und mich zu dem gemacht, was ich heute bin. Es gibt natürlich viele gute Organisationen, aber ich habe mich entschieden, dass die Caritas, zu der ich eine emotionale Verbundenheit verspüre und mit deren Werten ich mich persönlich identifiziere, von meinem Vermögen profitieren soll.»

—

Rita Andres (*1941) lebt in Beromünster.

—

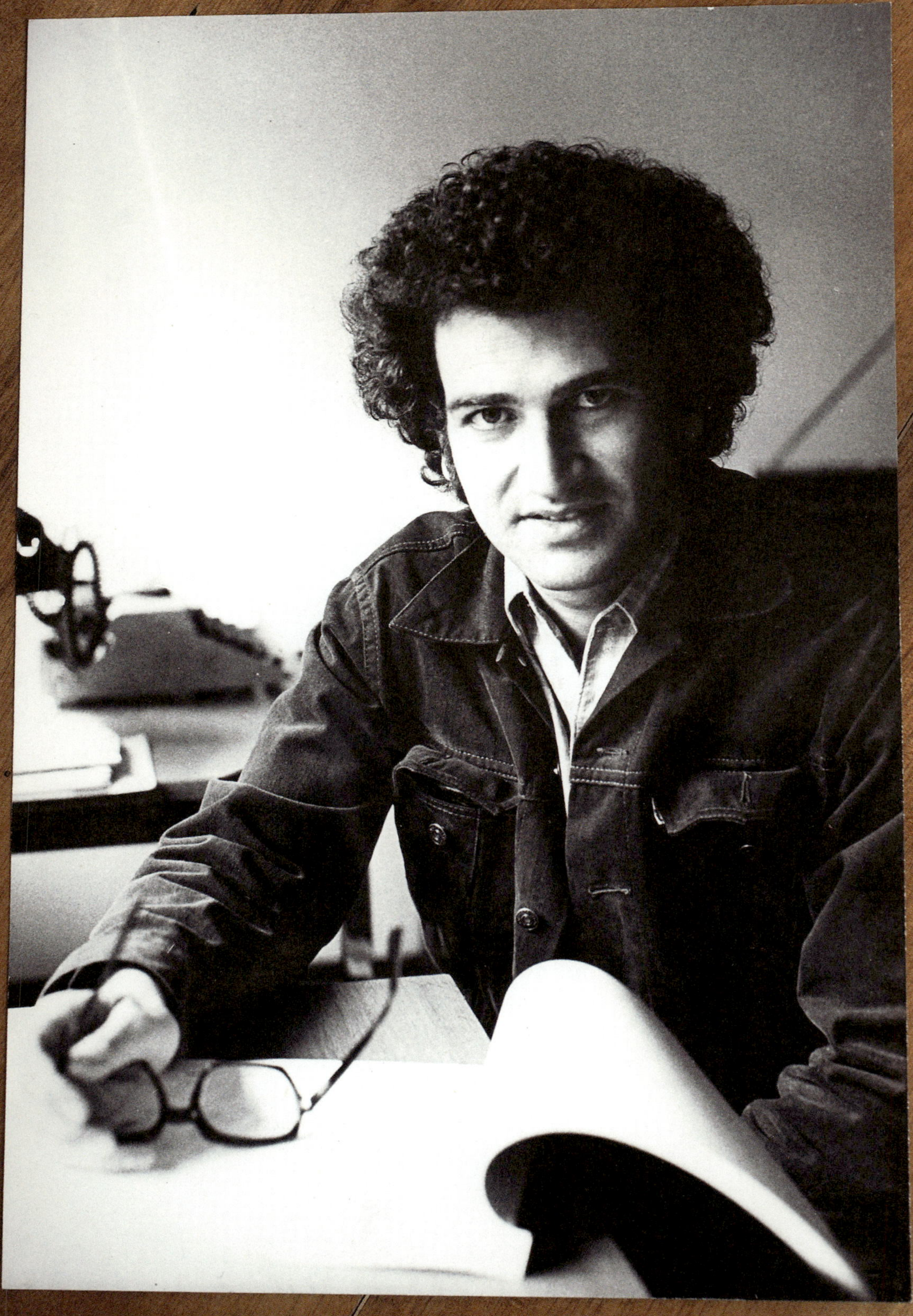

**«Ich habe mein Leben eher darauf ausgerichtet,
Probleme zu lösen, statt welche zu schaffen»**
— —
—

Ein vielseitiges und engagiertes Leben wie das von René Levy braucht Planung und Organisation. «Meine Agenda ist ein Utensil, ohne das ich seit der Studienzeit nicht auskomme.» Heute, mit 65, beabsichtigt der seit kurzem pensionierte Soziologieprofessor, das Leben etwas ruhiger anzugehen. Er möchte mit seiner Frau Claire-Lise lernen, auch einmal etwas spontan zu machen. Zum Beispiel einfach so nach Prag fahren. Wenn er aber sagt, «Vielleicht gelingt es mir ja bald, ohne Planung durch den Tag zu gehen», verrät sein Lächeln, dass er selber noch nicht so ganz daran glaubt. Obwohl er an einem Ort lebt, an dem es einem leichtfallen sollte, zur Ruhe zu kommen. Der Zürcher René Levy wohnt seit über zwanzig Jahren in einem kleinen, beschaulichen Dorf ausserhalb von Lausanne. Seine Frau ist in dem Haus aufgewachsen; dass sie es jetzt bewohnen, war ungeplant.

Planen möchte René Levy, was einmal mit seinem Nachlass passiert. Sein Testament hat er vor vielen Jahren geschrieben, und es bildet die Werte, wie er sie lebt, eins zu eins ab. «Ich habe, wie meine Frau auch, im Leben viel Solidarität bewiesen und könnte eigentlich ohne weiteres mein Vermögen selber konsumieren. Aber ich habe mein Leben eher darauf ausgerichtet, Probleme zu lösen, statt welche zu

schaffen. Dazu gehört auch das Verfassen eines Testaments.»
René Levy ist als Einzelkind in einer – wie er es nennt – typischen
kleinbürgerlich-jüdischen Familie in Zürich aufgewachsen. Er beschreibt sich als stillen, einzelgängerischen Buben, der andere Kinder scheute, dennoch aber von ihnen fasziniert war. Obwohl ihm das überhaupt nicht behagte, gehörte er zu einer Bubenbande im Quartier. Bei der Erinnerung daran schüttelt er heute noch den Kopf. «Es fing ganz harmlos mit einer Baumhütte im Garten an und mündete in richtige Bandenkämpfe. Bubenkriege, wie sie damals hiessen.» Das war nicht nach seinem Geschmack und er verliess die Gruppe.

Seine Eltern schickten ihn an die Rudolf Steiner Schule, nicht aus weltanschaulichen Gründen, sondern aus Sorge, er würde im normalen Schulsystem zu sehr unter Druck geraten. «Ich habe nur gute Erinnerungen an die Schulzeit, auch an den Schulweg, den ich alleine ging. Dreissig Minuten pro Weg, das hat mich mächtig stolz und selbstbewusst gemacht.» Dass er jüdisch war, sei in der Schule nie ein Thema gewesen. Er habe nie und in keiner Form Ausgrenzung gespürt. Verbunden mit der Geschichte seines Volkes entwickelte er aber ein Sensorium und eine Wachsamkeit gegenüber dem Thema. Auch dass er als Studienrichtung die Soziologie wählte, liege vermutlich in der Tatsache, dass er als Jude zu einer Minderheit gehört, die immer wieder Diskriminierung erlebt.
«Ich hatte damals zwar keine Ahnung, was Soziologie eigentlich ist, aber die Idee, dass man dabei die Gesellschaft wissenschaftlich untersucht, hat mich ziemlich überzeugt.»

Während der Studienzeit engagierte er sich in jüdischen Jugend- und Studentengruppen. Als 1967 der Sechstagekrieg ausbrach, durchlebte er eine persönliche Krise, deren Ausgang seine zionistische Überzeugung ins Wanken brachte. Als Folge davon begann er, eine unabhängige Haltung zu entwickeln. «Eigentlich aus einem egoistischen Reflex heraus. Ich hatte mich zuerst gefragt, wie ich weiterleben könnte, wenn Israel nicht überleben würde. Dann wachte ich

223

gewissermassen aus diesem Taumel auf und beschloss, konsequenter zwischen meinem eigenen Leben und Israel zu unterscheiden.» Vier Jahre später reiste er einmal mehr nach Israel. Die Begegnungen und viele Gespräche radikalisierten seine bisher gemässigt kritische Haltung noch, denn er entdeckte rassistische Tendenzen im Land seiner ehemaligen Ideale. Er wandte sich vom Zionismus ab und gehörte später zu den prominenten Unterzeichnern von Petitionen, die sich für einen gerechten und dauerhaften Frieden in Nahost einsetzen.

René Levy behauptet von sich, in der Schweizer Soziologie keine bahnbrechenden Erkenntnisse erforscht und publiziert zu haben. Das stimmt nicht ganz. Eine seiner ersten Arbeiten rückte in den siebziger Jahren die Stellung der Frau in der schweizerischen Gesellschaft in ein kritisches Licht und trug zu markanten Veränderungen bei. Es handelte sich um eine von der Schweizer Unesco-Kommission in Auftrag gegebene Umfrage zur «Stellung der Frau in der Gesellschaft». «Die Reaktionen auf die Publikation, sogar von Feministinnen, waren überaus heftig. So sehr, dass wir, mein Kollege und ich, um den Uni-Abschluss fürchten mussten.» Wie die Jungfrau zum Kind sei er damals zu einem Thema gekommen, das ihn sein ganzes berufliches Leben begleiten sollte.

Seine zukünftige Frau Claire-Lise lernte er noch als Assistent kennen. Er unterrichtete Soziologie an der Schule für Soziale Arbeit in Zürich, wo die schon berufserfahrene Sozialarbeiterin Sozialpädagogik studierte. Sie kannten sich schon einige Zeit beruflich, als sie ihm eines Tages ohne Umschweife mitteilte, dass er sie persönlich interessiere. «Das fand ich grossartig», sagt René Levy laut lachend. Seither sind dreissig Jahre vergangen. Neben der Arbeit gehörten ausgedehnte Reisen zum Leben von René und Claire-Lise Levy. Während einer dieser Reisen sei ihnen plötzlich bewusst geworden, dass ihnen in der Fremde etwas zustossen könnte und sie als kinderloses Paar ihren Nachlass besser mit einem Testament regeln sollten. Beide haben je ein eigenes Testament verfasst und den anderen jeweils als Haupterben und Testamentsvollstrecker eingesetzt. Die

Hälfte ihres Vermögens haben sie nach eigenem Belieben vergeben. René Levy hat für die Vergabe von Geldern in seinem Testament Kriterien aufgestellt, die es ihm erleichterten, eine Auswahl zu treffen. «Insgesamt werde ich zehn Institutionen berücksichtigen. Diese Anzahl gewährleistet, dass jede nicht nur ein paar Franken, sondern einen vernünftigen Beitrag erhält und doch nicht nur ein einziger Bereich berücksichtigt wird. Eines der Kriterien war, Organisationen auszuwählen, die nicht bereits Grossverdiener sind, und so fiel die Wahl auf solche, die sonst weniger zum Zug kommen.» Dass er die Arbeit der einzelnen nicht im Detail kennt, scheint ihm nicht so wichtig. Er legt mehr Wert auf eine gewisse Stabilität und Langjährigkeit, auf ein breites Arbeitsfeld und dass eine Organisation nicht von einer einzelnen Person abhängt. «Die Organisationen in meinem Testament bilden eine bunte Mischung aus Hilfswerken und Institutionen, die in Bereichen tätig sind, die mein Leben gezeichnet haben. Darunter, um einige zu nennen, das Frauenarchiv der Gosteli-Stiftung, die Westschweizer Organisation ATD Quart Monde, die sich in der Schweiz für die Armen einsetzt, und Médecins du monde, die für mich das Thema soziale Gerechtigkeit abdecken. Die World Society Foundation (Institut für Soziologie in Zürich) und die Fondation du 450ème anniversaire der Universität Lausanne gehören zu Stationen, die meine Soziologiekarriere ermöglicht und mitgeformt haben.» Dass Israel, nach seinem Umdenken in der Jugend, ebenfalls im Testament vorkommt, wäre befremdlich, wüsste man nicht, dass der Neue Israel Fonds sich für die Menschenrechte in Israel, aber nicht nur für Juden einsetzt. Schliesslich hat er auch die linke Wochenzeitung (WoZ) bedacht, die er seit ihrer Gründung vor 26 Jahren abonniert hat. Es sei doch gut, sagt René Levy zum Abschluss, dafür sorgen zu können, dass das Vermögen eines Tages an die Richtigen falle.

—

René Levy (*1944) lebt mit seiner Frau *Claire-Lise* in Mézières.

—

Dank …
— —

— an drei nicht genannt sein wollende Frauen, die selber geerbt haben und gemeinsam entschieden, eine finanzielle Starthilfe zu diesem Buch zu leisten.
— für die grosszügige finanzielle Unterstützung an:
  Bank Coop
  Bank Sarasin
  GGG – Gesellschaft für das Gute und Gemeinnützige, Basel
  Andreas Reinhart
  Paul Schiller Stiftung
— an die im Buch porträtierten Personen. Sie haben uns ihr Vertrauen geschenkt und hatten den Mut, offen über ihr Testament zu sprechen.
— an all jene, die mich bestärkt haben, das Projekt – auch in schwierigen Phasen – nicht fallen zu lassen. Zu ihnen gehören der Kontrast Verlag, mein Partner und meine Freundinnen.

—

Das Buch widme ich meinem Grossvater, Marcel Rio, und meiner Grossmutter, Jeanne Bonnardin.
—
Muriel Bonnardin
—

Mix
Produktgruppe aus vorbildlich
bewirtschafteten Wäldern, kontrollierten
Herkünften und Recyclingholz oder -fasern
www.fsc.org   Zert.-Nr. SGS-COC-003993
© 1996 Forest Stewardship Council

RATGEBER FÜR DAS ERSTELLEN EINES TESTAMENTES

Warum ein Testament?

Ein weiterer gebräuchlicher Name für Testament ist «letzter Wille». Das Wort drückt aus, worum es geht: Ihren Willen. Mit einem Testament können Sie Ihre Wertvorstellungen und Ihre Wünsche zum Ausdruck bringen für die Zeit, wenn Sie eines Tages nicht mehr da sind. Sie entscheiden und halten fest, was mit Ihrer Erbschaft geschehen soll. Seien es Immobilien, Vermögen oder kleine sentimentale Gegenstände, von denen Sie sich wünschen, dass sie an die für Sie richtigen Personen gelangen.

Ein Testament zu schreiben, ist in jedem Fall sinnvoll. Ob man nun vermögend ist oder nicht. Jeder Mensch besitzt etwas, das er gerne jemandem bestimmtem weitergeben möchte. So haben Sie zum Beispiel auch die Möglichkeit festzulegen, was mit Ihren Haustieren passieren soll, oder zu bestimmen, welche Art von Bestattung Sie wünschen.

Nur wenn Sie ein Testament schreiben (oder einen Erbvertrag abschliessen), haben Sie die Möglichkeit, über die freie Quote zu verfügen. Es handelt sich bei der freien Quote um denjenigen Teil Ihrer Hinterlassenschaft, über den Sie frei verfügen können, auch wenn Sie Pflichterben haben.

Wenn Sie kein Testament schreiben, entscheidet das Gesetz, wer Erbe oder Erbin wird. Bestehen gesetzliche Erben (z.B. Eltern, Nachkommen, Ehepartner/-partnerin), werden diese bedacht. Bestehen keine gesetzlichen Erben, erbt der Kanton oder die Wohngemeinde.

Wer ein Testament schreibt, muss noch lange nicht mit dem Leben abschliessen. Viele Menschen sterben, ohne ein Testament zu hinterlassen, weil sie die Regelung ihres Nachlasses immer wieder aufschieben. Bis es zu spät ist.

Was braucht es, um ein Testament zu schreiben?

- Die Einsicht, dass es wichtig ist, Ihren letzten Willen festzuhalten
- Ein bisschen Zeit und Ruhe
- Ein Blatt Papier und einen Stift
- Wissen, wer die allfälligen Pflichtteilserben sind
- Überlegung, wer in den Genuss der freien Quote kommen soll
- Übersicht über Ihr Hab und Gut
- Eine Person oder Institution, die Sie als Willensvollstreckerin einsetzen wollen

Welche Formen von Testamenten gibt es?

Es gibt grundsätzlich zwei Möglichkeiten, ein rechtsgültiges Testament zu verfassen:

Das handschriftliche, eigenhändige Testament
Es handelt sich dabei um die häufigste und einfachste Form des Testamentes. Das Dokument ist nur dann gültig, wenn es vollständig von Hand geschrieben ist, mit dem aktuellen Datum und Ihrer Unterschrift versehen ist.

Das öffentliche, notarielle Testament
Diese Form empfiehlt sich, wenn Formfehler vermieden werden sollen. Es gibt Ihnen die Gewissheit, dass Sie alles richtig gemacht haben. Das öffentliche Testament wird in Anwesenheit von zwei Zeugen vor einem Notar oder einer anderen befugten öffentlichen Urkundsperson nach Ihren Angaben und Wünschen abgefasst. Diese Personen dürfen im Testament nicht bedacht sein. Da aufwändiger umzusetzen, ist diese Form mit Kosten verbunden.

Ganz selten kommt eine dritte Form von Testament vor: Nur in Notfällen (wenn eine Person z.B. nach einem Bergunfall nicht mehr in der Lage ist, selbst ein Testament zu schreiben und der Tod kurz bevorsteht) ist unter gewissen

Umständen auch ein mündliches Testament gegenüber zwei Zeugen möglich, welche die Erklärung dann beurkunden lassen müssen.

Was ist der Pflichtteil und was genau ist die freie Quote?

Unter den Pflichtteilserben versteht man die gesetzlichen Erben, denen nach Gesetz ein Mindestbruchteil des Erbes zukommen soll.
Es handelt sich um:
- Kinder / Nachkommen
- Ehepartnerin / Ehepartner und eingetragene Partnerin oder Partner
- Eltern (nur wenn keine Nachkommen da sind)

Die freie Quote ist jener Teil Ihres Nachlasses, den Sie frei vergeben können, allerdings ohne die Pflichtteile zu verletzen. Über die freie Quote kann nur mittels Testament oder Erbvertrag verfügt werden. Mit der freien Quote können Sie nicht erbberechtigte Familienmitglieder oder andere Ihnen nahestehende Personen und Hilfswerke bedenken – also wen immer Sie begünstigen wollen.

Wie werden Pflichtteil und freie Quote aufgeteilt?

Welche Pflichtteile bestehen, ist in der Schweiz je nachdem geregelt, welche anderen Pflichtteilserben vorhanden sind. Die nachfolgende Auflistung vermittelt Ihnen einen groben Überblick über die häufigsten Aufteilungsschlüssel. Bei Unklarheiten empfiehlt es sich, Ihre persönliche Situation mit einer mit dem Erbrecht vertrauten Person (Anwalt, Notar, Finanzberater oder allenfalls Institution) zu prüfen.

Verheiratete Personen ohne Kinder

Wenn Sie ausschliesslich einen Ehepartner, eine Ehepartnerin zurücklassen, beträgt der Pflichtteil 50 Prozent. Die restlichen 50 Prozent können Sie frei weitergeben.

Beispiel	100 000 CHF
Pflichtteil Ehepartner	50 000 CHF
Freie Quote	50 000 CHF

Wenn Ihre Eltern oder ein Elternteil noch leben und keine Nachkommen vorhanden sind, haben diese Anrecht auf einen Pflichtteil von einem Achtel, während dem Ehepartner drei Achtel verbleiben. Die freie Quote beträgt dann vier Achtel.

Beispiel	100 000 CHF
Pflichtteil Eltern	12 500 CHF
Pflichtteil Ehepartner	37 500 CHF
Freie Quote	50 000 CHF

Verheiratete Personen mit Kindern

Wenn Sie Ihren Ehepartner und Kinder zurücklassen, beträgt der Pflichtteil für den Ehepartner ein Viertel und für die Kinder drei Achtel. Die freie Quote beträgt ebenfalls drei Achtel.

Beispiel	100 000 CHF
Pflichtteil Ehepartner (2/8)	25 000 CHF
Pflichtteil Kinder (3/8)	37 500 CHF
Freie Quote (3/8)	37 500 CHF

Eingetragene Partnerschaften

Eingetragene Partner und Partnerinnen stellt das Gesetz in Sachen Pflichtteil gleich wie Ehegatten.

Unverheiratet oder verwitwet mit Kindern

Ihre direkten Nachkommen erhalten als Pflichtteil drei Viertel des gesetzlichen Erbanspruchs. Über ein Viertel können Sie frei verfügen.

Beispiel	100 000 CHF
Pflichtteil Kinder	75 000 CHF
Freie Quote	25 000 CHF

Wie wird aufgeteilt, wenn keine gesetzlichen Erben vorhanden sind?

Alleinstehend ohne Kinder

Ohne Nachkommen können Sie zu 100 Prozent über Ihren Nachlass verfügen. Wenn Sie kein Testament schreiben und somit bestimmen, was mit Ihrem Vermögen geschehen soll, erben weiter entfernte Verwandte oder schliesslich der Staat Ihre gesamte Hinterlassenschaft.

Beispiel	100 000 CHF
Freie Quote	100 000 CHF

Konkubinat ohne Kinder

Weil der Partner oder die Partnerin (mit Ausnahme natürlich von eingetragenen Partnerschaften) keine gesetzliche Erben sind, erben sie nichts, falls nichts anderes festgelegt wurde. In diesem Fall empfiehlt es sich, einen Erbvertrag oder ein Testament aufzusetzen. Sie können zu 100 Prozent über Ihren Nachlass verfügen.

Beispiel	100 000 CHF
Freie Quote	100 000 CHF

Konkubinat mit Kindern

Die Erbverhältnisse sind einfach. Die Kinder erben den ganzen Nachlass des Vaters und der Mutter, weil sie die nächsten gesetzlichen Erben sind. Mit einem Testament kann zudem die freie Quote geregelt werden, in diesem Fall ein Viertel.

Beispiel	100 000 CHF
Pflichtteil Kinder	75 000 CHF
Freie Quote	25 000 CHF

Was für Möglichkeiten gibt es, ein Hilfswerk zu bedenken?

Jede im Testament aufgeführte Person oder Institution kann folgendermassen bedacht werden:

Vermächtnis / Legat

Mit einem Vermächtnis, auch Legat genannt, können Sie entweder einen festen Betrag oder bestimmte Sachwerte hinterlassen (Immobilien, Kunstwerke, Wertpapiere, Lebensversicherung oder Wertsachen).
Beispiel:
«Tierschutzorganisation B erhält 10 Prozent des Barvermögens als Vermächtnis» oder «Kinderhilfswerk A erhält den antiken Schrank» oder «Entwicklungshilfswerk C erhält ein Legat von 50 000 CHF».

Miterbe

Sie können einem oder mehreren Hilfswerken einen prozentualen Anteil Ihres Vermögens hinterlassen. In diesem Fall wird das oder die Hilfswerke neben den anderen Erben Mitglied der Erbengemeinschaft.
Beispiel:
«Kinderhilfswerk A und Entwicklungsorganisation B sollen je 20 Prozent der freien Quote erhalten.»

Alleinerbe
Wenn Sie keine Pflichtteilserben haben, haben Sie die Möglichkeit, ein Hilfswerk als Alleinerbin einzusetzen.

Beispiel:
«Ich vermache meinen gesamten Nachlass der Gesundheitsorganisation C.» oder «Ich setze die Stiftung Z als Alleinerbin in meinen Nachlass ein.»

Gibt es nebst dem Testament noch andere Formen, andere zu begünstigen?

Erbvertrag
Ein Testament lässt sich jederzeit wieder abändern. Nicht so ein Erbvertrag. Eine Änderung ist nur im gegenseitigen Einverständnis möglich. Der Erbvertrag kann nur unter Mitwirkung einer Urkundsperson (Notar) sowie zweier Zeugen errichtet werden. Der Vorteil eines Erbvertrages ist, dass unter anderem auch Verpflichtungen Ihres Vertragspartners festgelegt werden können, also gegenseitige Pflichten (z.B. unter Ehegatten bei Ehe- und Erbverträgen), was bei Testamenten nicht der Fall ist.

Schenkung zu Lebzeit
Die Schenkung ist eine sofortige Zuwendung zu Lebzeiten oder zu einem späteren Zeitpunkt, sofern ein Schenkungsversprechen gemacht wurde. Mit einer Schenkung können Bedingungen und Auflagen verbunden werden.

Lebensversicherung
Bei einigen Versicherungsarten ist die Begünstigung frei wählbar. Das heisst, Sie können auf den Ablauf der Versicherung beziehungsweise Ihren Todesfall hin eine Person oder ein Hilfswerk Ihres Wunsches einsetzen. Der Vorteil dieser Lösung ist, dass Sie jemanden begünstigen können, ohne Ihr liquides Vermögen anzutasten.

Fonds
Vereinzelte Organisationen bieten die Möglichkeit an, einen persönlichen Fonds zu gründen, der bestimmte Projekte finanziert.

Wie berechnet sich die Erbschaftssteuer?

Erbschaften und Vermächtnisse an Ehegatten und deren Nachkommen sind in der Regel steuerfrei. Bei anderen Verwandtschaftsverhältnissen beträgt der Steuersatz je nach Kanton bis zu 40 Prozent. Gemeinnützige Institutionen hingegen sind in den meisten Kantonen von der Erbschaftssteuer befreit. Ihr Nachlass geht somit nicht an den Staat, sondern kommt in vollem Umfang der Arbeit zugute, die Ihnen wichtig ist.

Kann ein bestehendes Testament geändert werden?

Ihr Testament können Sie jederzeit abändern oder aufheben. Einzelne Änderungen müssen wiederum handschriftlich, mit dem Datum und Ihrer Unterschrift versehen sein. Es empfiehlt sich, das Testament neu zu schreiben, das alte zu vernichten und den Widerruf deutlich im neuen Dokument festzuhalten.

Wie wählt man einen Willensvollstrecker?

Der Willensvollstrecker ist für die Erhaltung, Verwaltung und Teilung des Nachlasses verantwortlich. Wenn im Testament kein Willensvollstrecker eingesetzt wird, sind die Erben für die Verteilung der Erbschaft zuständig. Dies kann zu Streitigkeiten zwischen den Hinterbliebenen führen. Willensvollstrecker sind deshalb idealerweise neutrale Personen wie z.B. Finanzberater, Notare oder Anwälte. Selbstverständlich ist es auch möglich, eine befreundete, vertrauenswürdige Person mit der Vollstreckung Ihres letzten Willens zu betrauen.

Was alles gehört in einen Nachlass?

- Kapital (Bankkonten, Aktien, Obligationen, Bargeld, 3. Säule)
- Wertsachen (Schmuck, Geräte, Fahrzeuge, Möbel, Kunst, Teppiche)
- Immobilien (Wohnung, Haus, Ferienhaus, - inklusive Hypothek)
- Schulden (Kredite, Hypothek)
- Bestimmungen/Dokumente, die in der Nähe des Testamentes aufbewahrt werden:
  - Patientenverfügung
  - Information, was mit Ihrem Haustier geschehen soll

Wo soll ein Testament aufbewahrt werden?

Sie haben die Möglichkeit, das Testament zu Hause aufzubewahren. Allerdings besteht die Gefahr, dass das Testament nicht gefunden wird oder - je nach familiärer Situation - mutwillig verloren geht. Der einfachste und kostengünstigste Weg, ein Testament sicher aufzubewahren, ist die Hinterlegung bei der Gemeinde. Erkundigen Sie sich bei der zuständigen Amtsstelle (Erbschaftsamt, Gemeindeverwaltung).

Bei einem notariellen Testament wird das Dokument beim Notar hinterlegt.

Wo kann Beratung eingeholt werden?

Beratung für das Schreiben Ihres Testamentes können Sie bei Ihrem Finanzberater, Anwalt oder einem Notar in Anspruch nehmen oder bei Hilfswerken, die zum Teil ebenfalls professionelle Beratung anbieten. Im Buchhandel stehen zudem eine ganze Reihe Erbschaftsratgeber zur Verfügung.

Beispiel 1: Eine gemeinnützige Organisation als Alleinerbin

Wenn keine Pflichtteilserben existieren, haben Sie die Möglichkeit, einer Organisation ihr gesamtes Vermögen zu vermachen.

Testament

Da ich keine gesetzlichen Erben habe, regle ich, Maya Muster, geboren am 7.1.1945 in Luzern, wohnhaft in Zürich, meinen Nachlass wie folgt:

Als Alleinerbin setze ich die Entwicklungsorganisation B, momentan an der Musterstrasse 5 in Aarau ein.

Als Willensvollstrecker ernenne ich die Bank Y.

Zürich, 30. März 2008

Maya Muster

Beispiel 2: Eine gemeinnützige Organisation als Miterbin

Sie können einer Organisation als Miterbin einen prozentualen Anteil Ihres Vermögens hinterlassen.

Testament

Ich, Peter Muster, geboren am 15.10.1949 in Kilchberg, wohnhaft in Zürich, verfüge als meinen letzten Willen wie folgt:

1. Für meine Frau und meine Kinder ist bereits reichlich gesorgt. Ich setze sie daher auf den Pflichtteil.

2. Für das Restvermögen setze ich folgende Institutionen und Personen als Erben zu gleichen Teilen ein:

25% Tierorganisation A, momentan an der Mustergasse 5 in Luzern
25% Kinderhilfswerk B, momentan an der Musterstrasse 15 in Basel
25% meine Nichte Alma Müller
25% mein Patenkind Felix Meier

Als Willensvollstrecker setze ich meinen Sohn David ein.

Zürich, 30. März 2008

Peter Muster

Beispiel 3: Ein Vermächtnis/Legat an eine gemeinnützige Organisation

Mit einem Vermächtnis können Sie einer gemeinnützigen Organisation entweder einen festen Betrag oder bestimmte Sachwerte hinterlassen.

Testament

Ich, Anita Muster, geboren am 3. März 1943, wohnhaft in Luzern, verfüge als meinen letzten Willen wie folgt:

1. Meine Hinterlassenschaft soll an meine gesetzlichen Erben, nämlich meinen Ehemann und meine Kinder Alex und Hanna gehen.

2. Aus meinem Nachlass sollen vorab durch meinen Willensvollstrecker zu Lasten meines Nachlasses folgende Vermächtnisse ausgerichtet werden:
   - Sfr. 30'000 der Naturschutzorganisation A, momentan an der Musterstrasse 17 in Bern
   - Sfr. 25'000 der Entwicklungsorganisation B, momentan an der Musterstrasse 71 in Luzern
   - Sfr. 25'000 meinem Patenkind Hans Müller
   - Meinen Schmuck vermache ich meiner Schwester Nelly
   - Meine Aktien gemäss Bestand an meinem Todestag, heute deponiert bei der Bank C, vermache ich dem Verein D, momentan an der Mustergasse 17 in Zürich.

Als Willensvollstrecker setze ich Rechtsanwalt Dr. E. in Luzern ein.

Luzern, 30. März 2008

Anita Muster

BEGRIFFE / GLOSSAR

Erbengemeinschaft — Dieser Begriff fasst alle Erben eines Erblassers zusammen.

Erblasser/Erblasserin — Der Verstorbene oder die Verstorbene hinterlässt ein Erbe und heisst deshalb Erblasser oder Erblasserin.

Erbschaft (auch Erbe) — Der Oberbegriff

Freie Quote — Ehepartner und Ehepartnerin, Nachkommen und Eltern haben einen gesetzlichen Anspruch auf einen Mindestanteil, den Pflichtteil. Der Nachlass minus die Summe der Pflichtteile ergibt die freie Quote. Darüber kann der Erblasser oder die Erblasserin frei verfügen.

Gesetzliche Erben — Gesetzliche Erben sind diejenigen, welche automatisch erben, ohne dass man etwas geregelt hat: also Personen wie Ehepartner, Kinder oder Eltern. Wenn Personen aus der «ersten Parentel» (Nachkommen) nicht mehr leben, geht die Erbschaft an die zweite Parentel (Eltern und deren Nachkommen), bzw. an die dritte Parentel (Grosseltern und deren Nachkommen).

Hilfswerk — Ein Hilfswerk bezeichnet in der eigentlichen Wortbedeutung eine Arbeit, in deren Rahmen eine Hilfeleistung stattfindet. In der Regel ist damit die Hilfe für Menschen gemeint. Dabei kann ein weites Spektrum angesprochen sein, von der Wohlfahrtspflege bis hin zur humanitären Hilfe in Katastrophenfällen. Siehe auch NPO (Non-Profit-Organisation), NGO (Non Governmental Organisation) und gemeinnützige Organisation.

Legat	Siehe Vermächtnis
Letztwillige Verfügung	Siehe Testament
Nachkommen	Die Kinder
Nachlass / Hinterlassenschaft	Das Gesamte, was hinterlassen wird. Auch Hinterlassenschaft genannt.
NGO und NPO	Eine Non Governmental Organisation (NGO) ist eine nichtstaatliche Organisation, die nicht auf Gewinn ausgerichtet und von staatlichen Stellen weder organisiert noch abhängig ist. Non-Profit-Organisationen (NPO) sind Organisationen, die keine kommerziellen Interessen verfolgen, zum Teil aber vom Staat unterstützt werden.
Pflichtteilserben	Ehepartner und eingetragene Partnerinnen und Partner, Kinder, Eltern (wenn keine Nachkommen).
Testament	Das durch Sie selbst oder vor dem Notar verfasste Dokument, das Ihren letzten Willen beinhaltet.
Vermächtnis	Mit dem Vermächtnis können bestimmte Vermögenswerte oder einzelne Gegenstände vermacht werden. Auch Legat genannt.
Willensvollstrecker	Die Person oder Institution, die im Auftrag des Erblassers handelt. Er oder sie verwaltet das Nachlassvermögen und führt die Erbteilung durch und untersteht behördlicher Aufsicht.

ADRESSEN

Die im Buch genannten Organisationen gelten als Beispiele und stehen stellvertretend für eine schwer bezifferbare Anzahl wohltätiger Werke in der Schweiz. Es ist davon auszugehen, dass es in der Schweiz 70 000 bis 100 000 Vereine[1] gibt, die einen mehrheitlich gemeinnützigen (Non-Profit-)Charakter haben, sowie 11 732 gemeinnützige Stiftungen[2] – kirchliche Institutionen nicht eingerechnet.
Grundsätzlich können alle Institutionen – Hilfswerke, Vereine, Stiftungen, aber auch kulturelle Werke – im Testament bedacht werden.

Eine gute Übersicht über die gemeinnützigen Organisationen und ihre Tätigkeiten in der Schweiz und Deutschland liefern die folgenden Nachschlagewerke:

Schweizer Spenden Spiegel
Postfach 2043
CH-8026 Zürich
T +41 44 242 62 22
www.spendenspiegel.ch

Deutscher Spenden Spiegel
Fink Medien AG
Zeppelinstrasse 29-32
DE-73760 Ostfildern
T +49 711 450 64 46
www.spendenspiegel.de

---

[1] S. Schnyder, «Statistische Erfassung von Organisationen ohne Erwerbscharakter (Nonprofit-Organisationen, NPO)», in: Schweizerische Zeitschrift für Volkswirtschaft und Statistik, 1994, Vol. 130 (3), S. 391-401
[2] A. Müller, Referat «Allgemeines zur Schweizer Stiftungsszene an der Euroforum Jahrestagung 2007: Stiftungsszene Schweiz»

Die im Buch genannten Organisationen:

Amnesty International

Amnesty International setzt sich unabhängig und weltweit für die Opfer von Menschenrechtsverletzungen und für die Einhaltung der Menschenrechte ein. Die Wirksamkeit der Organisation beruht auf über 2,2 Millionen Menschen, die Teil der internationalen Bewegung sind. Amnesty International wurde 1977 mit dem Friedensnobelpreis ausgezeichnet.

Speichergasse 33   T +41 31 307 22 22
Postfach   F +41 31 307 22 33
CH-3001 Bern
www.amnesty.ch

Animal Trust

Animal Trust hat zum Ziel, ausgenutzten oder gequälten Tieren Schutz zu verschaffen und zu ihrem Recht zu verhelfen. Dabei will sich die Organisation nicht von anderen abgrenzen, sondern eine «Schaltstelle» für die Lösung von überschaubaren Problemen im Bereich des Tierschutzes sein.

Beethovenstrasse 7   T +41 44 204 17 00
CH-8002 Zürich   F +41 44 204 17 01
www.animaltrust.ch

ATD Quart Monde

ATD Quart Monde hat zum Ziel, den Dialog zwischen den Armen und der Gesellschaft anzuregen. Die Organisation engagiert sich in 28 Ländern in vielfältigen Bildungsprojekten. Sie ermöglicht Benachteiligten, ihre Rechte auszuüben und ihre Verantwortungen wieder zu übernehmen.

La Crausa 3   T +41 26 413 11 66
CH-1733 Treyvaux
www.quart-monde.ch

Bruno-Manser-Fonds

Der Bruno-Manser-Fonds engagiert sich für die Erhaltung der bedrohten tropischen Regenwälder und für die Rechte der Regenwaldbevölkerung, insbesondere im malaysischen Bundesstaat Sarawak. Seine Tätigkeit umfasst medizinische Hilfe, politische Kampagnen sowie die Dokumentation von Landrechtsansprüchen.

Heuberg 25 T +41 61 261 94 74
CH-4051 Basel F +41 61 261 94 73
www.bmf.ch

Caritas Schweiz

Caritas leistet weltweit Nothilfe bei Katastrophen und führt internationale Entwicklungsprojekte durch. In der Schweiz hilft das Netz von regionalen Caritas-Stellen Menschen, die von Armut betroffen sind; sie vermitteln Freiwilligeneinsätze, betreuen Asylsuchende sowie Flüchtlinge und führen Integrationsprojekte durch.

Löwenstrasse 3 T +41 41 419 22 22
Postfach F +41 41 419 24 24
CH-6002 Luzern
www.caritas.ch

Erklärung von Bern

Die Erklärung von Bern engagiert sich in den Bereichen Wirtschaftbeziehungen, Handelspolitik, Kultur, Landwirtschaft, geistiges Eigentum und Biodiversität. Sie nimmt Einfluss auf entwicklungspolitische Fragen in der Schweiz, informiert über ungerechte Beziehungen zwischen Süden und Norden und interveniert bei internationalen Finanz- und Wirtschaftsinstitutionen.

Dienerstrasse 12 T +41 44 277 70 00
Postfach F +41 44 277 70 01
CH-8026 Zürich
www.evb.ch

Fondation du 450ème anniversaire

Die Fondation du 450ème anniversaire wurde anlässlich des 450-jährigen Bestehens der Universität Lausanne gegründet. Die Stiftung hat zum Ziel, mit finanzieller Unterstützung Forschungsarbeiten, Publikationen und wissenschaftliche Tagungen zu ermöglichen.

Université de Lausanne   T +41 21 692 11 11
Rectorat
Unicentre
CH-1015 Lausanne
www.unil.ch/recherche/page47426.html

Gosteli-Stiftung

Die Gosteli-Stiftung sammelt systematisch Zeugnisse der Schweizer Frauenbewegung. Sie verfügt über einen einzigartigen Bestand an Büchern und wissenschaftlichen Arbeiten zur Frauengeschichte sowie über eine umfangreiche Sammlung an Archivalien der schweizerischen Frauenorganisationen der letzten hundert Jahre.

Altikofenstrasse 186   T/F +41 31 921 79 41
CH-3048 Worblaufen
www.gosteli-foundation.ch

Greenpeace Schweiz

Greenpeace setzt sich weltweit gewaltfrei für eine ökologische, soziale und gerechte Gegenwart und Zukunft ein. Die Organisation arbeitet in vierzig Ländern für den Schutz vor atomarer und chemischer Verseuchung, der genetischen Vielfalt, des Klimas sowie der Wälder und Meere.

Postfach   T +41 44 447 41 41
CH-8031 Zürich   F +41 44 447 41 99
www.greenpeace.ch/legate

Heilsarmee Schweiz

Die Heilsarmee ist eine internationale Bewegung und Teil der weltweiten christlichen Kirche, deren Botschaft auf der Bibel gründet. Ihr Dienst ist motiviert von der Liebe zu Gott, und ihr Auftrag ist es, das Evangelium von Jesus Christus zu predigen und menschliche Not, ungeachtet des Hintergrunds einer Person, zu lindern.

Laupenstrasse 5 T +41 31 388 05 91
Postfach 5575 F +41 31 388 05 95
CH-3001 Bern
www.heilsarmee.ch

Krebsliga Schweiz

Die Krebsliga Schweiz ist eine nationale Organisation, die als Verband organisiert ist und zwanzig kantonale sowie regionale Ligen vereinigt. Sie arbeitet in der Forschung, in der Krebsprävention und für die Unterstützung Kranker.

Effingerstrasse 40 T +41 31 389 91 00
Postfach 8219 F +41 31 389 91 60
CH-3001 Bern
www.swisscancer.ch

Lungenliga Schweiz

Die Lungenliga Schweiz setzt sich ein für Menschen mit Atemwegserkrankungen. Sie vertritt die Interessen von Atembehinderten und Lungenkranken, unterstützt sie in der Versorgung mit Hilfsgeräten, betreut Patienten und Angehörige, bildet Fachkräfte aus und fördert die Forschung zur erfolgreichen Behandlung von Lungenkrankheiten.

Südbahnhofstrasse 14c T +41 31 378 20 50
Postfach F +41 31 378 20 51
CH-3000 Bern 14
www.lungenliga.ch

Neuer Israel Fonds Schweiz	Der Neue Israel Fonds Schweiz ist als jene Organisation in Israel anerkannt, die sich für die Menschenrechte und innerhalb der israelischen Gesellschaft für ein starkes und sicheres Israel einsetzt. Sie unterstützt vor allem Projekte in den Bereichen Grundrechte, Gleichstellung, religiöse Vielfalt und jüdisch-arabische Verständigung.

Postfach 425   T +41 61 272 14 55
CH-4010 Basel   F +41 61 272 38 07
www.nif.ch

Stiftung Bergwaldprojekt	Die Stiftung Bergwaldprojekt fördert die Erhaltung, Pflege und den Schutz des Waldes und der Kulturlandschaft im Berggebiet. Im Zentrum stehen Arbeitseinsätze für Pflege- und Sanierungsarbeiten sowie die Förderung des Verständnisses der Öffentlichkeit für die Belange des Waldes.

Hauptstrasse 24   T +41 81 650 40 40
CH-7014 Trin   F +41 81 650 40 49
www.bergwaldprojekt.org

Schweizer Berghilfe	Die Schweizer Berghilfe ist eine ausschliesslich durch Spenden und Erbschaften/Legate finanzierte Stiftung mit den Ziel, die Existenzgrundlagen und die Lebensbedingungen im Schweizer Berggebiet zu verbessern. Sie fördert die Hilfe zur Selbsthilfe. Damit hilft sie, Wirtschafts- und Lebensräume zu entwickeln, die regionale Kultur zu erhalten, die Kulturlandschaft zu pflegen und der Abwanderung entgegenzuwirken. Gründungsjahr 1943.

Soodstrasse 55   T +41 44 712 60 60
CH-8134 Adliswil   F +41 44 712 60 50
www.berghilfe.ch

Schweizerische Flüchtlingshilfe

Die Schweizerische Flüchtlingshilfe SFH ist der Dachverband der Hilfswerke, die im Asylbereich tätig sind. Sie setzt sich dafür ein, dass Asylsuchende ein faires, rechtsstaatliches Asylverfahren erhalten. Die SFH unterstützt Asylsuchende mit Rechtsberatungen und engagiert sich für ihre Integration. Sie engagiert sich für eine humanitäre Asyl- und Flüchtlinspolitik sowie für die Verwirklichung der Grund- und Menschenrechte in der Schweiz.

Weyermannsstr. 10 T +41 31 370 75 75
Postfach 8154 F +41 31 370 75 00
CH-3001 Bern
www.fluechtlingshilfe.ch

Schweizerisches Rotes Kreuz

Das Schweizerische Rote Kreuz ist die älteste und grösste humanitäre Organisation der Schweiz. Zahlreiche Mitarbeitende, Freiwillige und Gönner helfen Menschen in Notsituationen. Dabei kann das Werk auf das weltweite Netz von 185 Rotkreuz- und Rothalbmond-Gesellschaften zählen.

Rainmattstrasse 10 T +41 31 387 71 11
CH-3001 Bern F +41 31 387 71 22
www.redcross.ch

Stiftung Terre des hommes – Kinderhilfe

Terre des hommes unterstützt in rund dreissig Ländern Entwicklungsprojekte für Kinder in Not in den Bereichen Gesundheit von Mutter und Kind, Schutz von gefährdeten Kindern und Kinderrechte. Die Organisation hat einen langfristigen Entwicklungsansatz, der auch beinhaltet, Wissen auszutauschen und Kompetenzen vor Ort aufzubauen.

Hauptsitz Terre des hommes T +41 21 654 66 66
En Budron C8 F +41 21 654 66 77
CH-1052 Le Mont-sur-Lausanne

Büro Deutschschweiz T +41 58 611 07 90
Schwarztorstrasse 20 F +41 58 611 07 91
CH-3007 Bern

www.tdh.ch

World Society Foundation

Die World Society Foundation ist eine Stiftung zur Finanzierung von Forschungsarbeiten zur Weltgesellschaft und ihrer Entwicklung. Sie bietet Hochschulen und ausseruniversitären Forschungseinrichtungen Vorschläge von Wissenschaftlern an und unterstützt diese finanziell.

Universität Zürich
Rämistrasse 69
CH-8001 Zürich
wsf@soziologie.uzh.ch

WWF Schweiz

Der WWF ist in rund hundert Ländern in Feldprojekten aktiv, um bedrohte Lebensräume, Tiere und Pflanzen zu retten. Ziel der Organisation ist es, eine Zukunft zu gestalten, in der Mensch und Natur in Einklang leben. Allein in den letzten zehn Jahren konnte sie 1,6 Millionen Quadratkilometer neue Schutzgebiete und Nationalparks errichten.

Hohlstrasse 110 T +41 44 297 21 21
Postfach F +41 44 297 21 00
CH-8010 Zürich
www.wwf.ch/erbschaften

Autorinnen

Muriel Bonnardin ist Fundraiserin, Kulturmanagerin und Projektleiterin im Bereich Umweltmarketing. Sie lebt und arbeitet in Zürich.
Muriel Bonnardin verfasste die Porträts auf den Seiten 10, 22, 40, 46, 78, 84, 98, 104.

Ursula Eichenberger ist freischaffende Journalistin und Buchautorin. Sie lebt und arbeitet in Zürich.
www.kontrast.ch/eichenberger
Ursula Eichenberger verfasste die Porträts auf den Seiten 16, 28, 34, 52, 58, 66, 72, 90.

Annette Boutellier ist freischaffende Fotografin für diverse Schweizer Printmedien sowie kulturelle und gemeinnützige Institutionen. Sie lebt und arbeitet in Bern.
www.annetteboutellier.com

Impressum

Gestaltung	Barbara Ehrbar, Annatina Blaser www.superbuero.com
Herstellung	Koni Nordmann www.kontrast.ch
Fachliche Unterstützung	Lorenz Hirni, Hirni Gerber Anwälte Bern und Zürich www.hirni-gerber.ch
	Giulio Vitarelli www.vermoegenszentrum.ch
Lektorat	Ursi Schachenmann www.kontrast.ch
Korrektorat	Marion Elmer www.publizieren.ch
Lithos	Egli.Kunz & Partner www.ekp.ch
Papier	Munkenprint Extra (FSC)
	Signa Set Color (Recycling)
Druck & Bindung	fgb freiburger graphische betriebe, Freiburg/Br www.fgb.de
Copyright	© KONTRAST, Josefstrasse 92, CH-8005 Zürich www.kontrast.ch
ISBN	978-3-906729-62-6